中国物流专家专著系列

现代流通体系建设
理论研究与实践探索

贺兴东　著

中国财富出版社有限公司

图书在版编目（CIP）数据

现代流通体系建设理论研究与实践探索 / 贺兴东著 . --北京：中国财富
出版社有限公司，2024.9. --（中国物流专家专著系列）. --ISBN 978 - 7 - 5047 -
8228 - 1

Ⅰ. F723

中国国家版本馆 CIP 数据核字第 2024XV0913 号

策划编辑	谷秀莉	**责任编辑**	田　超　刘康格	**版权编辑**	李　洋
责任印制	梁　凡	**责任校对**	卓闪闪	**责任发行**	于　宁

出版发行	中国财富出版社有限公司			
社　　址	北京市丰台区南四环西路 188 号 5 区 20 楼		**邮政编码**	100070
电　　话	010 - 52227588 转 2098（发行部）		010 - 52227588 转 321（总编室）	
	010 - 52227566（24 小时读者服务）		010 - 52227588 转 305（质检部）	
网　　址	http：//www.cfpress.com.cn	**排　　版**	宝蕾元	
经　　销	新华书店	**印　　刷**	北京九州迅驰传媒文化有限公司	
书　　号	ISBN 978 - 7 - 5047 - 8228 - 1/F·3717			
开　　本	710mm×1000mm　1/16	**版　　次**	2024 年 9 月第 1 版	
印　　张	15	**印　　次**	2024 年 9 月第 1 次印刷	
字　　数	238 千字	**定　　价**	69.00 元	

　　高效流通体系能够在更大范围内把生产和消费联系起来，扩大交易范围，推动分工深化，提高生产效率，促进财富创造，这得到了经济产业发展实践的验证。在现代信息技术和大数据的支撑下，现代流通体系成为重要的产业发展生态，以及模式创新的重要领域。党的二十大报告将流通体系建设提升到了战略高度，指出要"建设高效顺畅的流通体系"。在社会再生产过程中，流通效率与生产效率具有同等重要性，是提高国民经济总体运行效率的重要途径和手段。在构建新发展格局中，国内循环和国际循环都离不开高效的现代流通体系，流通体系是循环的有机组成部分和推进器。对现代流通体系建设问题进行系统研究，不仅对形成较为完善的理论以指导实践具有重要的作用，更是对既有实践问题进行归纳分析、找准现代流通体系发展方向和任务的必然选择。贺兴东同志的《现代流通体系建设理论研究与实践探索》，兼具理论与实践两方面的特点，对现代流通体系建设进行了有益的探索。

　　长期以来，我国对流通体系的建设重视程度不够，导致流通体系发育滞后，涉及流通体系建设的方方面面存在诸多问题，主要表现为：一是流通与产业融合度不高，制约了产业价值增值能力的提升；二是流通自身价值创造能力偏弱，长期处于辅助发展地位；三是流通发展的组织化程度偏低，要素利用的集约化程度不足；四是国际流通能力发育滞后，影响了国际产业和贸易控制能力的提升。因此，我们必须树立从系统层面解决流通体系建设问题的战略思路，以便更好地贯彻党中央、国务院的战略决策。《现代流通体系建设理论研究与实践探索》一书从服务构建新发展格局出发，从具有大循环、双循环运行特征的现代流通体系建设入手，以网络型骨干流通企业为主体提升流通产业组织化水平，以现代科技信息赋能现代流通系统，加快重构流通供应链组织模式，创新发展流通新经济，体系化推进现代流通发展，为经济产业高质量发展创造良好的流通环境。

《现代流通体系建设理论研究与实践探索》一书内容较为丰富，共十三章，涉及"理论演进：从传统小流通到现代大流通""时代要求：支撑构建新发展格局""整体框架：现代流通体系'四梁八柱'""总体思路：现代流通体系建设方向与目标""重大任务：推进'一市场、两体系、三支撑'""推动降本增效：基于中美比较降低社会流通成本""优化空间布局：构建内畅外联的现代流通网络""助力乡村振兴：塑造适应新发展需要的农村流通体系""引领贸易强国：提升流通体系国际化发展水平""支撑农资流通：优化化肥仓储设施布局""保障能源安全：完善能源输送通道布局建设""有效市场：典型现代流通企业创新做法""有为政府：典型地区现代流通体系建设经验"等内容。

全书围绕"基础理论—重大研究—实践探索"的逻辑顺序展开，既拥有较为严谨的学术逻辑，又具有较为系统的研究内容。从理论研究方面看，对大流通进行理论研究，以及在现代化产业体系建设层面对近些年产业链供应链协同等实践进行生产与消费的衔接研究，已经显得非常迫切，尤其是跨产业、跨行业融合性政策的制定，亟须大流通体系理论指导。流通体系发展框架，更是理论层面需要进行系统研究的内容，以便为融合性政策的制定提供支撑。《现代流通体系建设理论研究与实践探索》一书在这方面做出了较大的贡献，值得鼓励和肯定。从重大问题研究视角看，《现代流通体系建设理论研究与实践探索》一书对近年来涉及的流通体系重大问题进行了梳理，既有利于清晰地认识重大问题，又对重大问题进行了学理性研究，为后续开展同类的以重大问题为导向的研究提供了重要参考。从实践探索层面看，《现代流通体系建设理论研究与实践探索》一书对流通体系建设的实践进行了系统分析和总结，有利于提升实践的学术价值，也为实践提供了一定的政策指引。

总之，《现代流通体系建设理论研究与实践探索》一书既体现了作者善于理论探索和实践总结的学术素养，也体现了作者对现代流通体系建设的理论和实践贡献。

汪　鸣

2024 年 7 月 19 日

中国式现代化发展实践必将产生中国式现代化发展理论，中国式现代化发展理论又将指导中国式现代化发展实践迈向更高阶段。随着我国流通发展从传统商贸流通阶段进入现代大流通阶段，在既有流通理论基础上研究形成适应新发展阶段要求、服务构建新发展格局需要的现代流通体系理论，进而指导流通体系建设沿着现代化方向不断深入，成为时代赋予流通理论工作者的任务。习近平总书记在主持十九届中央财经委员会第八次会议时强调，流通体系在国民经济中发挥着基础性作用，构建新发展格局，必须把建设现代流通体系作为一项重要战略任务来抓。党的二十大报告做出"建设高效顺畅的流通体系"的战略部署。落实习近平总书记重要指示精神和党中央、国务院决策部署，必须立足有效发挥流通连接生产消费、对接国际国内、扩大交易范围、推动分工深化、提高生产效率、促进财富创造功能和对国民经济发展的基础性、先导性和战略性作用，推动现代流通体系理论和实践创新。

本书以现代流通体系建设理论和实践为研究对象，按照"基础理论—重大研究—实践探索"的逻辑脉络展开，全书分为3篇、13章。第1篇为"基础理论篇"，对现代流通体系建设的基础理论问题进行了研究，由第1章至第5章构成，分别阐释现代流通体系建设的理论演进、时代要求、整体框架、总体思路和重大任务。第2篇为"重大研究篇"，对现代流通体系建设的若干重大问题加以研究，由第6章至第11章构成，包括降低社会流通成本、构建现代流通网络、塑造农村流通体系、提升流通体系国际化发展水平、优化化肥仓储设施布局和完善能源输送通道布局建设等内容。第 3 篇为"实践探索篇"，总结市场和政府开展的现代流通体系建设实践，由第 12 章、第 13 章构成，分别提炼形成典型流通企业、典型地方政府推进现代流通体系建设的经验做法。

本书的顺利出版得益于诸多良师益友的帮助。国家发展和改革委员会综合运输研究所的汪鸣所长是我在科研工作中的"传帮带"导师，其对本书内容给予了悉心指导并为之作序。国家发展和改革委员会综合运输研究所现代流通学科方向研究团队的每一位同事，作为各自领域的专家，对本书研究贡献了真知灼见。此外，家人的支持，永远是我工作的坚强后盾。在此，诚挚地向大家表示感谢。

受自身研究水平所限，书中仍存在很多不足之处，权当抛砖引玉，敬请行业内外专家、学者批评指正。

贺兴东

2024 年 7 月于北京国宏大厦

Contents | 目录

基础理论篇

重大研究篇

实践探索篇

基础理论篇

第一章

理论演进：从传统小流通到现代大流通

流通活动自古有之，人们对流通活动的理论认识亦随着实践的深入而不断深化。我国将马克思主义政治经济学流通理论、西方经济学流通理论这两大理论流派与中国特色社会主义的国情相结合，与全面建设社会主义现代化国家、向第二个百年奋斗目标进军的新发展阶段时代要求相结合，形成了具有新时代中国特色的流通理论，实现了从传统小流通到现代大流通的理论跃升。

1.1　马克思主义政治经济学的流通理论

1.1.1　马克思关于流通的理论阐述

马克思对所处时代的商品流通、资本流通和社会化大生产进行了深入研究，这对现代流通理论界定具有指导意义。在《资本论》中，马克思将流通按其对象划分为商品流通、货币流通、资本流通和社会总资本流通四大类。除商品流通、货币流通外，马克思将资本的流通过程划分为 3 个层面：一是社会总资本的流通，即资本循环运动的总过程，也可视作资本意义上生产的大循环；二是大流通，是资本在生产以外的运动过程，即资本从离开生产过程到它再次回到生产过程的整个时期，也就是真正的流通过程；三是小流通，即资本家以工资形式购买劳动力，资本与劳动能力相互交换的过程。如今惯用的"流通经济"这一表达，重点在第 2 个层面，即汇集着全社会商品交换关系的大流通范畴或真正的流通过程。此外，马克思将社会总生产分成生产

2

资料的生产和生活资料的生产两大部类，两大部类以及不同生产部门之间不断地进行交换，形成社会总资本的不断流通。

1.1.2 马克思理论中流通在社会再生产中的作用

商品流通是把社会经济联结成有机整体的纽带，影响着社会再生产的速度和效率。马克思把社会再生产分为生产、分配、交换、消费 4 个环节，他认为生产是起点，起决定作用；消费则是终点，是受生产支配的；流通不产生价值，其作用只是实现生产和消费的职能。为了社会再生产能够进行，两大部类的产品需要通过商品流通来实现价值补偿和实物更替，为两大部类扩大再生产提供追加生产资料和消费资料的渠道。生产时间和流通时间的长度制约着社会再生产周期的长短。当再生产周期既定时，流通时间对生产是一种限制，流通时间越长，生产时间就越短，社会可能生产的产品就会越少；反之，流通时间越短，生产时间就越长，社会就可能生产出更多的产品。随着社会分工的发展，生产社会化程度日益加深，社会经济部门不断增多，每一个经济部门又有许多生产者。众多生产者相互为对方提供产品、彼此需要对方产品的错综复杂的关系，必须通过交换产品得以解决，由这些交换构成的流通过程，在整个社会经济中起着联络各方的纽带作用。

马克思对流通在社会再生产中作用的阐述，表明社会再生产的顺利进行需要处理好两大部类的均衡关系。两大部类的交换模式所表达的是社会总产品，即总生产资料商品与总消费资料商品之间最一般的均衡关系。这种一般的均衡关系表明了两种情况：一种是总生产资料商品与总消费资料商品彼此之间在总供给和总需求总量上的均衡；另一种是总生产资料商品与总消费资料商品彼此之间在总供给和总需求结构上的均衡。若流通过程中出现商品不能成功交易的情况，实际上反映的是两大部类之间的不均衡，即两大部类之间和两大部类各部门之间的价值不能被补偿或使用价值不相适应。

1.1.3 马克思流通理论在市场经济条件下的继承与创新

马克思关于流通概念和作用的论述为重新认识流通在社会主义市场经济

中的作用提供了重要的理论支撑。市场经济是商品经济发展的高级阶段，市场在资源配置中起决定性作用。在市场经济条件下，各个生产单位为交换而生产商品。从单个商品来看，商品生产以商品流通开始，以商品流通结束，生产过程成为流通过程的中介。从社会再生产来看，只有商品在流通中获得价值补偿和实物补偿，再生产才能继续，扩大再生产才能进行。现代经济社会的生产能力已远远超过马克思所在的 19 世纪，市场竞争非常激烈，商品在流通中价值的实现成为社会再生产顺利进行的重要条件。

为适应我国现代化市场经济发展，构建高效顺畅的流通体系十分必要。在市场经济条件下，我国实行以公有制为主体的所有制形式，即便是公有制内部，各个企业也是独立的经济主体，生产决策由分散的企业自主决定。两大部类之间的均衡关系、生产和消费之间的平衡关系在大部分时间内是被打破的。当前，生产力高度发达、供给相对过剩成为常态，这导致两大部类产业之间、生产和消费之间失衡。因此，当商品的实现过程成为一种社会过程，社会总产品的实现问题也就成为一个宏观经济问题。为了保障社会再生产和流通的顺利进行，政府需要对经济总量和结构关系进行宏观调控，以建立高效顺畅的流通体系。

1.2 西方经济学关于流通的理论论述

1.2.1 西方古典经济学中的流通表述

早在古希腊时期，哲学家亚里士多德便开始区分经济与货值，其指出对于货值而言，流通是社会财富的源泉。西方重商主义代表托马斯·孟在 17 世纪即开始主张国家发展贸易，他同样认为流通可以为社会创造财富。重农学派代表布阿吉尔贝尔则将视角转向效率问题，指出应加速经济活动中商品和货币的流通，以便提升经济运行效率；魁奈在其代表作《经济表》中对资本总流通进行了研究，首次以社会再生产方式对流通过程进行了诠释。"经济学之父"亚当·斯密在《国富论》中对劳动分工与商品交换问题进行了深入研究，指出交换作为分工的前提，使专业化生产成为可能，并进一步对提高劳动生产率和促进经济增长发挥重要作用。亚当·斯密的分工、交换、市场等思想成为西方流通概念的重要启蒙。

1.2.2 西方制度经济学中的流通论述

西方制度经济学的核心思想就是交易成本，该学派从制度设计角度对如何降低交易费用、提高资源配置效率进行了研究。虽然其研究所指的"交易"比"流通"内涵更为宽泛，但两者的本质思想基本一致，这为流通理论提供了一种研究范式。例如，康芒斯在其代表作《制度经济学》中将交易分为买卖交易、限额交易和管理交易，并对市场、政府、企业3个交易主体进行了制度安排。康芒斯指出，参与商品流通的市场主体需完成交换和交易两种经济活动，前者实现商品或货币控制权的转移，后者实现法定意义上控制权或所有权的转移。另一位代表人物科斯在《企业的性质》中针对新古典经济学往往直接假定企业存在却对企业存在的原因缺乏解释这一问题，从市场交易和流通环节切入进行研究，并开创性提出了交易费用理论，将成本问题纳入流通理论研究范畴。

1.3 日本的流通理论研究

日本流通业高度发达，与之对应，该国学者对流通理论进行了大量研究，这对我国流通理论与实践都产生了不同程度的影响。日本商业学会定义委员会将流通定义为商品从生产者到消费者的经济性、社会性转移。江尻弘对流通对象加以研究，指出流通对象不仅包括商品，还包括无价值的废弃物等，从而将流通对象由商品改称为产品。田岛义博认为，流通是商品从生产者到消费者转移的现象以及为实现商品转移而进行的经济活动之和。石原武政和加藤司强调了货币在流通中的作用，认为流通是货币产生后形成的商品销售与购买的连环锁链。保田芳昭和加藤义忠则认为，商品的一系列变换表现为一种循环，这种不同商品的变换循环相互作用而形成的有机整体就是流通。总体而言，日本学者较为关注微观层面的商品流通活动及其组织过程，为探究流通的企业组织行为奠定了理论基础。

1.4 我国的流通理论与概念演进

改革开放以来，我国学者对流通概念的界定随着经济体制变换而不断演进。计划经济时期，流通被称为"有计划的商品流通"，属于"小流通"范畴，进入社会主义市场经济阶段，流通概念逐步过渡为"市场调节的商品流通"，开始向"大流通"拓展。随着我国步入全面建设社会主义现代化国家、向第二个百年奋斗目标进军的新发展阶段，流通概念的内涵进一步丰富、外延进一步拓展，最终进化为"现代化大流通"。

1.4.1 计划经济时期的"小流通"概念

孙冶方认为，马克思对流通的理解仅为狭义的理解，为适应社会主义计划经济背景，他提出了"流通一般"理论，将研究对象界定为商品流通或产品流通，将研究研究范畴拓展到生产资料流通和消费资料流通。高涤陈从宏观和微观两个维度对流通加以研究，他将流通过程划分为卖和买两个阶段，并指出了买、卖两个阶段在不同情况下发挥的作用。周人伟对计划经济时期商品流通过程进行了研究，绘制了商品流通流程图。孙全对流通过程进行深入剖析，重新界定了商品流通的起点和终点，改变了"批发商业是商品流通的起点，零售商业是商品流通的终点"的传统认知。

1.4.2 社会主义市场经济时期的"大流通"概念

夏春玉认为流通存在广义与狭义之分，狭义的流通是指商品流通；广义的流通既包括商品流通，还包括其他生产要素由供给端向需求端的流动过程。宋则将流通活动进一步扩大到物流、商流、信息流和资金流，认为流通是指在实体经济范围内，由商品流通直接相关或由商品流通直接引起的物流、商流、信息流和资金流的统称。丁俊发提出了"大流通"概念，认为流通是以商流为主体，物流、信息流、资金流为支撑，涵盖批发、零售、商贸物流、金融、信息、餐饮住宿、社区服务等经济活动。陈文玲提出了"社会化大流通"概念，认为社会化大流通是涵盖进入流通的一切用于交换的具有价值和使用价值的物质与非物质载体及交换关系的总和,是流通发展处于商品经济发达时期的高级形态。

1.4.3 步入新发展阶段,对流通相关概念的界定

步入新发展阶段,特别是十九届中央财经委员会第八次会议专题研究部署现代流通体系建设工作后,我国学术界对流通、流通体系、现代流通体系等概念进行了进一步研究。

1. 关于流通

中国人民大学王晓东教授认为流通是"资本在社会生产之外的流动"。北京工商大学洪涛教授认为"一系列商品交换即流通"。北京工业大学祝合良教授认为流通狭义上指的是商品流通活动。中国社会科学院荆林波研究员认为流通是商品和服务从生产到消费的过程。国务院发展研究中心王微研究员认为流通是以商品交易为核心并涉及商品时间、空间转换在内的经济活动。中国宏观经济研究院汪鸣研究员认为流通是连接生产与消费的经济活动。中国宏观经济研究院谢雨蓉研究员认为流通是商品跨越生产和消费之间的时空错位并实现所有权转移和物理位移的经济活动。

2. 关于流通体系

董超研究员认为流通体系是流通市场主体围绕商流和物流形成的综合性产业。王晓东教授认为流通体系是由批发业、零售业和物流业组成的国民经济行业部门。荆林波研究员认为流通体系是围绕商品所有权转移所产生的商流、物流、信息流和资金流而形成的企业经营、产业管理和宏观治理系统。王可山教授认为流通体系是由与流通相关的流通主体、流通渠道、流通政策等构成的有机整体。祝合良教授认为流通体系是由流通运营体系、保障体系和规制体系构成的有机整体。洪涛教授认为流通体系是围绕生产资料、日用工业品、农产品、再生资源和生活服务品流通,由流通主体、流通渠道、流通市场、管理机构、宏观调控和支撑保障共同组成的综合体系。谢雨蓉研究员认为流通体系是由流通企业、流通渠道、流通网络、流通市场等基本要素,相关设施、装备、技术、信息、金融、人才等支撑要素,以及标准、规则、

法律、政策等维护要素等共同构成的流通产业发展框架。

3. 关于现代流通体系

汪鸣研究员认为，现代流通体系是能够密切供需关系、创造经济运行价值的流通体系。祝合良教授认为，现代流通体系是适应现代化经济发展需要的流通体系。王微研究员认为，现代流通体系是具有全球前沿和最先进水平的流通体系。马龙龙教授认为，现代流通体系是重视机制建设、走市场化道路的流通体系。陈文玲研究员认为，现代流通体系是具有全要素、全开放、全过程、全循环、全生命周期、全链路"六全"特征的流通体系。洪涛教授认为现代流通体系是将现代理念、技术、数据、管理等应用于流通全流程、全环节、全品类、全渠道、全场景、全业态的流通体系。荆林波研究员认为现代流通体系是具有高度数智化、市场化、法治化、开放化、全链条化和国内国际一体化特征的流通体系。王可山教授认为现代流通体系是具备市场化、组织化、数字化、智慧化、服务化、信用化特征，由"一市场、两体系、三支撑"构成的流通体系。谢雨蓉研究员认为现代流通体系是具有数字化、组织化、绿色化、国际化特征，由"一市场、两体系、三支撑"构成的流通体系。

1.5 本书对流通相关概念的界定

综合国内外既有研究成果，从连接生产和消费，促进国民经济循环畅通，支撑以国内大循环为主体、国内国际双循环相互促进的新发展格局，引领中国式现代化等新发展阶段对流通发展的需要出发，本书对流通相关概念做如下界定：流通是连接生产和消费的以商品交易和物流服务为核心的经济活动，是国民经济循环的关键一环。流通体系是由流通主体、流通渠道、流通网络、流通市场、管理制度、产业政策和支撑保障等构成的产业组织系统，从国民经济行业分类看，包括批发和零售业、餐饮业、交通运输仓储和邮政业（物流业）等，是现代化产业体系的有机组成部分。现代流通体系是具有世界一流水平，兼具价值实现和价值创造功能，呈现数智化、绿色化、市场化、法治化、组织化、国际化、一体化等发展特征的流通体系，从构成角度看，现代流通体系包括"一市场、两体系、三支撑",即全国统一流通市场,现代商贸流通和现代物流两大体系,以及交通运输、现代金融和社会信用等支撑系统。同时,如无特殊说明,本书将现代流通体系和现代化流通体系视为具有相同内涵的概念。

1.6 现代流通的突出特点

1.6.1 流通资源配置国际化

新发展格局不是封闭的国内循环,而是开放的国内国际双循环。在经济全球化背景下,经济大循环必然包含于全球地域空间范围内各环节、各领域、各层次的国际循环,一个国家和地区要通过发挥自身比较优势,参与国际分工和合作,实现经济发展。经济全球化的实质在很大程度上就是流通的国际化,随着我国整体经济实力的不断提升,以及与世界各国经济依赖性和相互交织融合的不断增强,一些现代化程度较高、具备全球经营能力的大型流通企业,将加快融入全球流通体系,合理有效配置世界资源。同时,跨境电子商务的快速发展,将助推无国界的经济全球化流通兴起。

1.6.2 流通领域跨界融合化

近年来,我国加快推进"中国制造2025""互联网+"等系列重大举措,以移动互联网、大数据、云计算、大模型等为代表的现代信息技术在各产业领域深度应用,跨界融合成为经济发展的重要特征。在流通领域,以跨界融合为特征的新一轮流通革命正在悄然兴起,新业态、新模式不断涌现。基于"互联网+"的农业与流通业融合,创新农业生产和经营模式,发展出订单农业,实现了"以销定产""产地直供""农超对接"等。随着C2B(消费者到企业)模式的兴起,以用户导向为主导的反向定制消费时代来临,消费者通过定制参与决定企业生产,使制造企业实现从生产型制造向服务型制造的转变。流通业与文化、旅游、健康、养老等服务业的融合渗透同样在加速,服务化也成了流通业自身发展的新特征。借助互联网、移动支付等信息技术的快速发展，流通业自身线上线下融合更加多元，电商企业和实体企业也由原来的竞争走向合作，体验经济、分享经济和平台经济等新模式兴起。

1.6.3 流通发展模式智能化

当前，流通智能化水平不断提升，流通业正由原来的劳动密集型产业向资本和技术密集型产业转变，智慧物流、智慧商店、智慧社区和智慧商圈等快速发展，传统的百货店、便利店和超市等正在经历"智能商店"革命，物流领域分拣机器人和无人机正在成为热点，商品流通逐渐向虚拟化趋势发展，无人店铺业态迅速走红，实体商品流通和虚拟商品流通交织互补，网络化和智能化特点显著，满足了不同区域人们的消费需求，同时在一定程度上扩大了流通规模、提高了流通效率。随着物联网、大数据、云计算、移动支付、人工智能、区块链以及生物识别等新兴技术的推广与应用，其在流通领域的应用将会越来越广泛，甚至有可能成为未来流通企业的核心竞争力。可以预见，在互联网技术的带动下，流通的市场交易方式、消费购物方式、物流配送方式、支付结算方式、家庭服务方式甚至零售终端形态将出现根本性变化，流通的便捷性、灵活性、安全性将大大提高，流通成本也会相应下降。

1.6.4 流通发展路径绿色化

随着生态环境问题的日益严峻，世界主要国家都将绿色发展作为经济增长的核心动力。绿色发展与创新、协同、开放、共享共同作为指导我国各个领域和各个环节发展的新发展理念，已成为各行各业的关键词。流通作为连接生产与消费的中间环节，其发展路径能否实现绿色化，关乎整个经济能否实现绿色发展。同时，随着居民收入水平的提高和环保意识的增强，绿色消费逐渐成为社会时尚和人们关注的新焦点，绿色消费场所和产品等逐渐成为人们消费的首选。在消费升级和供给侧结构性改革背景下，在"碳达峰""碳中和"双控目标约束下，绿色发展成为流通业转型升级的重要方向和应对市场竞争的主动选择，因此，人们在商业设施、经营模式、物流方式、包装材料以及各种污染处理手段等方面都将更加注重绿色环保技术的创新和应用。

第二章
时代要求：支撑构建新发展格局

加快构建新发展格局，是以习近平同志为核心的党中央审时度势，在深刻认识世界百年未有之大变局和中华民族伟大复兴的战略全局"两个大局"基础上主动做出的战略抉择，是着眼于中国长远发展和实现现代化强国目标做出的重大战略部署。支撑构建新发展格局是时代发展对现代流通体系建设提出的战略要求，正如习近平总书记 2020 年 9 月 9 日在中央财经委员会第八次会议上强调的：流通体系在国民经济中发挥着基础性作用，构建新发展格局，必须把建设现代流通体系作为一项重要战略任务来抓。

2.1 新发展阶段流通发展正面临全新的环境和形势

2.1.1 世界百年未有之大变局加速演进，国际贸易和分工格局深刻调整

当今世界正经历百年未有之大变局，新一轮科技革命和产业变革深入发展，国际力量对比深刻调整，全球能源供需版图深刻变革，国际经济、政治环境日趋复杂，不稳定性、不确定性明显增加，世界进入动荡变革期，单边主义、保护主义、霸权主义对世界和平与发展构成威胁。同时，世界经济陷入低迷期，经济全球化遭遇逆流，地缘政治与债务风险加速演进，"灰犀牛"风险不降反升，国际政治、经济、贸易格局加速演变，国际治理体系和全球供应链、产业链、价值链深度调整。国际贸易和分工格局的加速调整，为我国全面嵌入全球产业链、价值链分工合作带来新机遇，这需要我国加强国际

产能深度合作，加快建设现代流通体系，拓展全球流通网络，培育跨国流通企业，增强国内国际两个市场、两种资源配置能力，更好地发挥我国超大规模经济体"引力场"作用，集聚全球商品和要素，促进形成国际合作和竞争新优势。

2.1.2 国内经济高质量发展成为主题，供给侧结构性改革深入推进

我国经济已由高速增长阶段转向高质量发展阶段，正处于转变发展方式、优化经济结构、转换增长动力的攻关期，这就要求坚持"质量第一、效益优先"重要原则，以供给侧结构性改革为主线，推动经济发展质量变革、效率变革、动力变革，提高全要素生产率。流通业作为连接生产与消费的纽带，是国民经济的基础性和先导性产业，在经济社会高质量发展和供给侧结构性改革中扮演着重要角色。随着我国经济社会转向高质量发展和供给侧结构性改革的不断深化，有效解决人民日益增长的美好生活需要和不平衡不充分的发展之间的矛盾，必须发挥现代流通业的引领作用，加快建设现代流通体系，畅通国民经济生产、流通、分配、消费过程，以更高效率衔接供给和需求，推动现代流通业高质量发展，不断创新流通组织和业态模式，实现上下游、产供销一体衔接，更好地发挥我国完整产业体系集成优势，提高全要素生产率，推动经济发展质量变革、动力变革、效率变革，促进我国产业迈向全球价值链中高端。

2.1.3 新发展格局加快构建，强大国内市场和完整内需体系优势显现

习近平总书记强调，中国正在加紧推动形成以国内大循环为主体、国内国际双循环相互促进的新发展格局。构建新发展格局，是我国应对百年未有之大变局、开拓发展新局的主动调整，也是重塑我国参与国际合作和竞争新优势的战略选择，更是事关全局的系统性、深层次变革。实施扩大内需战略是构建新发展格局的战略基点，在国际经济循环明显弱化的情况下，我国必须促进形成强大的国内市场，更多依靠国内市场拉动经济增长，

充分发挥我国超大规模市场、完整工业体系和强大生产能力的作用，更大力度挖掘国内需求潜力。目前，我国人均国内生产总值已接近9万元，城镇化率超过65%，中等收入群体超过4亿人，国内生产总值突破126万亿元，具备形成强大国内市场和完整内需体系的潜力。现代流通体系是构建新发展格局的重要纽带，是促进形成强大国内市场和完整内需体系的重要保障。高效的流通体系能够在更大范围内把生产和消费联系起来。畅通国民经济循环，提升资源要素流转速率、频率和效率，需要加快构建高效、完善的现代流通体系。

2.2 构建新发展格局是事关我国发展全局的重大战略任务

2.2.1 构建新发展格局是重塑我国国际合作和竞争新优势的战略抉择

改革开放以来，特别是加入WTO以来，我国抓住机遇，加入国际大循环，大力发展出口导向型经济，形成市场和资源"两头在外"的发展模式，凭借要素成本、基础设施、产业配套等禀赋条件，快速建立起制造业全球竞争优势，成为"世界工厂"，这对我国快速提升经济实力、改善人民生活发挥了重要作用。近年来，世界经济持续低迷，全球市场不断萎缩，国际环境日趋复杂，新冠疫情影响广泛而深远，经济全球化遭遇逆流，一些国家单边主义、保护主义抬头，传统国际循环弱化。同时，我国已成为世界第二大经济体，同世界经济和国际体系深度融合，但发展的比较优势也在发生转化，正在由劳动力等要素低成本优势转向物质基础雄厚、人力资本丰富、市场空间广阔、产业体系和配套能力完整、数据资源海量等优势。习近平总书记强调，构建新发展格局，是与时俱进提升我国经济发展水平的战略抉择，也是塑造我国国际经济合作和竞争新优势的战略抉择。构建以国内大循环为主体、国内国际双循环相互促进的新发展格局，对于我国依托新的资源禀赋优势，在新一轮全球产业分工协作中找准定位、拓展空间、增强竞争力具有重要的战略引领与支撑作用。

2.2.2 构建新发展格局是发挥我国超大规模市场优势、实现高质量发展的必然选择

我国拥有约 960 万平方千米陆地国土面积，人口超过 14 亿，经济总量位居世界第二，是一个名副其实的经济大国。习近平总书记指出，中国经济是一片大海，而不是一个小池塘。依托人口数量、国土空间、经济体量、统一市场等条件，我国具备超大规模的市场优势和内需潜力。这既为我国应对国际国内不确定性因素提供了充足有效的回旋余地，也为经济持续稳定发展提供了巨大潜力和强力支撑。伴随经济总量扩大和比较优势转化，我国经济已经在向以国内大循环为主体转变，外贸依存度由 2006 年的 64% 左右下降到 2020 年的 30% 多。2008 年国际金融危机发生以来，国内需求对经济增长的贡献率有多个年份超过 100%，2023 年更是高达 111.4%。未来一个时期，国内市场主导国民经济循环的特征会更加明显，经济增长的内需潜力会不断释放。在国内外环境发生深刻、复杂变化的背景下，加快构建新发展格局，增强国内大循环主体地位，是充分发挥我国超大规模市场优势的客观要求，是实现经济社会转型发展、满足人民美好生活需要的必由之路，培育具有全球影响力的世界市场，也是支撑我国深度融入国际经济循环的最强保障。

2.3 构建新发展格局离不开高效顺畅的现代流通体系

2.3.1 打通流通环节是畅通国民经济循环的关键所在

国民经济循环包括生产、分配、流通、消费等环节，目前我国在这些环节的内部都存在一定的堵点、卡点，如生产领域的技术瓶颈、分配领域的居民收入差距等，畅通国民经济循环不仅要破除这些环节内部的堵点、卡点，还要使这些环节相互之间有机连接，形成一个循环系统。流通衔接生产、分配、消费，畅通国民经济循环首先要保证流通环节顺畅、高效运转，促进要素自由流动，降低商品流通成本，从而在打通流通环节的同时保证国民经济其他运行环节之间的循环畅通无阻。在建设现代化经济体系的进程中，流通不仅承载着要素、商品的物权转移过程，还是形成价格信号的前提和资源合

理配置的基础，能够引导产业结构调整和技术进步，引领消费模式转变和消费结构升级，触发国民经济相关领域的深刻变革，其对国民经济循环畅通的关键性作用更加凸显。

2.3.2 现代流通体系是促进国内大循环的基础保障

新冠疫情给世界经济发展带来明显冲击，抑制了全球经济增长，包括发达经济体和新兴经济体在内的国际需求大幅减少，同时，疫情也使国际经济运行中原本就存在的矛盾更加凸显，国际经济大循环动能弱化，我国经济发展面临的外部环境日益严峻。大国经济的一个突出优势就是内部可循环，可以利用经济纵深广阔的优势，提供巨大的国内市场和供给能力，以支撑并带动外循环，因此，构建新发展格局必须坚持以国内大循环为主体。改革开放40多年来，我国经济快速增长，国内大循环的条件和基础日益完善，但仍存在很多问题，尤其是供给和需求尚不匹配，经济运行面临的主要矛盾仍然在供给侧，供给结构不能适应需求结构变化，产品和服务的品种、质量难以满足多层次、多样化的市场需求，同时，坚持扩大内需这个战略基点也需要加强需求侧管理。无论是供给侧补短板还是需求侧挖潜力，都需要加快建设现代流通体系，构建统一大市场，促进供需匹配，为国内大循环奠定坚实基础。

2.3.3 现代流通体系是衔接国内国际双循环的有效手段

构建新发展格局以国内大循环为主体绝不是自我封闭、自给自足，而是以国内大循环为基础，发挥超大规模市场优势，强化开放合作，更加紧密地同世界经济联系互动，为世界各国提供更为广阔的市场机会，进一步吸引全球商品和资源要素，打造国际合作和竞争新优势，实现国内国际双循环相互促进。在双循环的发展格局下，生产和消费均扩展到更大的空间范围，商品和要素也需要跨越国界，在国内国际两个市场上互通有无，只有完善的现代流通体系才能承载这一强大功能，促进国内循环与国际循环双轮驱动、有机衔接。一方面，流通体系的国际竞争力决定了我国在国际循环中的流通控制力，无论是国际采购还是商品销售都需要自主可控的流通体系来提供支撑，以保障我国在参与全球分工中不断形成和发展的产业链安全、供应链稳定；另一方面，国内国际双循环也需要通过畅通高效的流通体系相互联系，打通内外贸，利用好全球资源，最大限度发挥我国资源禀赋和超大规模市场优势，形成内外优势互补的局面。

2.4　构建新发展格局为现代流通体系建设创造重要机遇

2.4.1　流通市场规模快速扩张

我国是全球为数不多的国土面积辽阔、人口众多、产业体系较为完备的国家之一，建设现代流通体系的市场空间和潜力巨大。近年来，我国经济社会快速发展，人民生活水平大幅提高，基础设施建设和产业布局加速推进，在全球产业分工和贸易体系中的地位不断提升。加快构建新发展格局，将推动我国既有资源禀赋优势和基础条件优势转化为新的发展动力，随着区域重大战略和区域协调发展战略的深入实施，商品和要素流动范围将显著扩大，超大规模内需市场潜力加速释放，我国作为世界最大消费市场的地位将逐步巩固，带动相关产业快速扩张，吸引全球资源要素集聚，为建设现代流通体系奠定坚实的市场规模基础。

2.4.2　市场供需结构调整升级

我国已全面建成小康社会，2023 年，全国居民人均可支配收入超过 3.9 万元，中等收入群体超过 4 亿人，这意味着我国在消费快速扩张的同时经济结构优化升级，城乡居民消费趋向多元化、品质化。与此同时，随着比较优势的变化，我国产业结构也在加速调整，更多地以科技创新为动力，推进产业基础高级化、产业链现代化。加快构建新发展格局把满足国内需求作为推动高质量发展的出发点和落脚点，把人民群众对美好生活的向往作为奋斗目标，将以更大力度推动消费扩容提质、投资提效增能、外贸转型升级。在市场供需两端结构调整的带动下，现代流通体系建设将实现提档升级。

2.4.3 流通市场主体发展壮大

我国流通体系已初步形成市场主体多元、业态模式多样、竞争日益开放的发展格局。流通企业作为市场经营主体，数量不断增加，实力稳步增强，不但为连接生产和消费提供了更好的服务，而且成为流通领域改革创新的中坚力量，推动了我国流通体系不断发展、完善。尤其是近年来，随着电商产业的快速发展，我国涌现出一批以网络零售为主营业务的流通企业，这些企业深刻改变了我国流通领域的市场结构和社会生产生活方式。但与发达国家相比，我国流通市场主体仍存在规模较小、市场集中度偏低、竞争力不强等问题，与现代流通体系建设要求存在较大差距。新发展格局的构建为流通企业提供了新的市场机遇，内需市场潜力释放为流通企业拓展了更大的成长空间，同时优化了生产要素的跨国配置，扩大了优质商品、服务的进出口，满足了国内的生产和消费需求，也为流通企业"走出去"参与国际竞争提供了初始动力和有效支撑，推动了我国流通市场主体优化结构、提升实力并借机发展壮大。

2.4.4 流通改革创新有望取得突破

流通业是我国开放较早、市场化程度较高的领域之一，特别是随着非国有经济的迅速崛起，多种所有制、多种流通渠道、多种经营方式共同发展，流通领域活力被广泛激发，市场在资源配置中的决定性作用不断增强。然而，我国流通管理体制机制依然不够完善，一些流通领域仍存在市场分割、地方保护、行业准入等制度性障碍，阻碍了商品和要素的自由、高效流动，也难以满足日益多元化的市场需求。加快构建新发展格局，打通国民经济循环，对流通领域改革创新提出了新要求，也提供了新契机。为更好地支撑国内大循环和国内国际双循环，我们必须深化流通领域供给侧结构性改革，建设高标准市场体系，以企业为主体，加快流通技术革新与业态模式创新，更好地满足需求、创造需求，形成供需互促、产销并进的良性循环。

2.5 构建新发展格局对现代流通体系建设提出全新要求

2.5.1 提升现代流通的畅通性

现代市场经济是动态的、有内在规律的社会再生产循环过程，生产、分配、流通、消费是这个过程的不同环节。流通一头连着生产，一头连着消费，在国民经济中发挥着基础性作用。为促进国民经济循环畅通，提升流通效率，降低流通成本，更好地解决流通范围扩大带来的商品和资源要素分散化、多元化的现实问题，满足商品和资源要素流通规模化、集约化的客观需要，并推进区域间流通设施网络和组织运行方式协同发展，我们需要加快构建能够支撑商品和资源要素顺畅流通的现代流通网络。

2.5.2 增强现代流通的规模性

经济发展是螺旋式上升的过程，不同阶段对应不同的需求结构、产业结构、技术体系等。我国经济纵深广阔，在加快构建以国内大循环为主体、国内国际双循环相互促进的新发展格局下，我国生产、消费在规模、结构与时空分布方面将发生较大变化。这些变化的出现，为更广阔的区域、更多元的主体加入经济循环和现代流通提供了难得的历史机遇。但同时，在一定历史时期内，既定生产函数所对应的社会商品总量相对稳定，随着流通空间范围的扩展，商品和资源要素或将更为分散，规模效益、集聚效益逐渐减弱，这就需要建设现代流通体系来解决这一问题。

2.5.3 提高现代流通的开放性

进入新发展阶段，面对国内外发展环境的深刻变化，党中央提出要构建以国内大循环为主体、国内国际双循环相互促进的新发展格局。无论是国内循环还是国际循环，都离不开高效顺畅的现代流通体系。现代流通体系既包括商贸、交通运输、物流体系等传统意义上的小流通，也包括金融、征信、通信等支撑资金、信息流通的现代意义上的大流通。在社会再生产过程中，流通效率和生产效率同等重要，是提高国民经济总体运行效率的重要内容。在开放经济条件下，国内经济循环和国际经济循环通过现代流通体系紧密联系，两个循环都顺畅且有效衔接，就能发挥国内国际两个市场两种资源的叠加优势，进而提高资源利用效率，形成国际合作和竞争新优势。

2.5.4 强化现代流通的系统性

流通体系是现代化产业体系的重要组成部分，建设高效顺畅的流通体系是构建新发展格局的必然要求，也是实现社会主义现代化的题中应有之义。建设现代流通体系，必须完整、准确、全面地贯彻新发展理念，充分发挥市场在资源配置中的决定性作用，更好地发挥政府作用，统筹推进现代流通体系硬件和软件建设，发展流通新技术、新业态、新模式，完善流通领域制度规范和标准，培育壮大具有国际竞争力的现代流通企业，为构建新发展格局提供有力支撑。要构建全国统一大市场，统筹生产、分配、流通、消费各环节，需通过提升供给质量来创造更多市场需求，通过优化分配结构来释放更大消费潜力，通过打通关键堵点来拓展更广流通空间，形成供需互促、产销并进的良性循环。要建设现代综合交通运输体系，大力发展多式联运，形成统一开放的交通运输市场，需科学优化综合运输通道和枢纽布局，完善城乡融合的基础交通网络。要完善现代商贸流通体系，提升产业集中度，需培育一批具有全球竞争力的现代流通企业，加快发展物联网，推进数字化、智能化改造和跨界融合，实现线上线下良性互动、共赢发展。

第三章

整体框架：现代流通体系"四梁八柱"

现代流通体系按照现代生产生活方式发展要求对流通体系基本要素及其相互关系进行重新整合和组织，并用现代科学技术和治理方式来赋能，从而有利于实现更加安全、经济、高效、绿色的商品和要素流通。在加快构建新发展格局的背景下，现代流通体系的建设内容既要承接传统，夯实并优化提升基本要素构成的基础架构，也要对接新形势、新任务并有所创新，尤其是聚焦国内大循环与国内国际双循环格局下的空间布局、产业布局、市场结构等，打造有力支撑新发展格局的现代流通体系"四梁八柱"。

3.1 现代流通体系的作用

3.1.1 现代流通体系的基本作用

现代流通体系是国内统一大市场的重要组成部分，是资源配置的有效载体，也是从生产到消费各环节有效衔接的纽带与通道。有效推动现代流通体系建立和发展，不但事关国家经济运行效率、效益和质量，而且是市场经济的社会主义属性和中国特色的重要体现。现代流通体系具有基础性、先导性和战略性等基本作用。

1. 基础性作用

基础性作用体现在对国民经济增长的贡献度上，数据显示，2022年我国流通业增加值为18.2万亿元，占国内生产总值的比重达15%。特别是随着流通新业态、新模式的不断发展，社区团购、电子商务、即时配送、外卖等流通业态快速成长，已成为我国吸纳新增就业的重要领域，相关数据显示，我国快递员、外卖员、专车司机等新就业形态劳动者数量接近 1 亿人。由此可见，现代流通体系在国民经济中具有基础性作用，是国民经济高效运转的重要组成部分。

2. 先导性作用

先导性强调现代流通发展对我国产业结构和产品结构调整、发展方式转型、居民生活质量提高的引导和带动作用，流通是国民经济运行的"先行官"与"晴雨表"，国民经济运行情况在流通领域显现得尤为明显。现代流通体系的有关指标（如采购经理指数等）变动能够反映国民经济发展的潜在性、苗头性和趋势性问题，有利于我国及时、精准地开展宏观经济调控。

3. 战略性作用

战略性作用体现在对国民经济的安全保障与对传统产业的提升作用上。

3.1.2 新发展格局下现代流通体系的作用

构建新发展格局的关键在于经济循环畅通无阻，实现各种生产要素组合在生产、分配、流通、消费各个环节的有机衔接、循环流转。要高效支撑构建新发展格局，现代流通体系还应具有畅通国民经济循环、服务现代产业发展、引领流通业态创新、保障国际产业链供应链安全等作用。

1. 畅通国民经济循环

流通一头连接生产，一头连接消费，是商品供需适配、货物高效流通的重要环节。现代流通体系能够精准掌握供给和需求，通过现代科技手段，实现供需的精准适配，并通过高效的物流组织，实现商品和货物由供给方向需求方的及时转移。流通效率高、流通环节少、流通成本低、流通品牌强的现代流通体系已成为国民经济高质量发展的"润滑剂"。

2. 服务现代产业发展

聚焦产业转型升级和居民消费升级需要，扩大服务业有效供给，提高服务效率和服务品质，构建优质高效、结构优化、竞争力强的服务产业新体系是发展现代产业体系的重要内容。现代流通体系包括商贸和物流等服务产业，是现代产业体系的重要组成部分。同时，现代流通体系通过推动现代产业组织方式重组重构，驱动现代农业、生产制造和居民消费组织方式变革，推动现代产业布局优化调整、产业结构升级和产业竞争力提升，也将支撑现代产业体系的形成。

3. 引领流通业态创新

大模型、大数据、物联网、云计算、5G 等现代科技在流通领域的应用不断深化，成为现代流通体系的重要特点。现代流通体系在科技赋能下加速了流通领域的创新发展，流通新业态、新模式不断涌现。在商贸领域，外卖、社区团购、直播电商、无人零售等业态蓬勃发展。在物流领域，即时配送、自动分拣等新业态规模日益壮大。流通新业态、新模式创新发展，不仅壮大了流通产业规模，也成为新发展格局下引领经济社会创新、培育经济发展新动能的重要途径。

4. 保障国际产业链供应链安全

当今世界虽面临贸易保护主义抬头、新冠疫情等挑战，但经济全球化趋势依然不可逆转，全球经贸合作不断深化。随着科技进步和全球产业分工的不断深化，全球产业合作不断加强。流通作为连接生产和消费的关键环节，在全球经贸和产业合作中发挥着至关重要的作用。现代流通体系通过拓展全球流通网络，在全球范围内开展商贸物流服务，能够有效保障我国原材料供应稳定和产品面向全球分销，有利于提升我国在全球产业链供应链上的控制力。

3.2 现代流通体系的构成

3.2.1 现代流通体系的构成要件

1. 从构成要素角度看

现代流通体系是适应现代经济发展需要的流通实体系统和流通制度系统，主要包括三大体系：一是现代流通运行体系，即由现代流通主体、流通客体、流通载体和流通方式构成的流通运行体系；二是现代流通保障体系，即由流通基础设施、流通标准、流通信用、信息监测服务、商品应急储备、市场应急调控等构成的保障体系；三是现代流通规制体系，即由流通管理体制、流通政策、流通法律法规、市场营商环境等构成的规制体系。现代流通体系的"四要素"包括流通主体、流通客体（商品与服务）、流通载体以及流通环境。

2. 从框架结构层面看

现代流通体系由交通物流、市场主体、政策法规、支撑保障等多个维度构成。从产品细分层面看，现代流通体系由农产品流通、生活消费品流通、生产资料流通、特殊商品流通、国家重要储备商品流通、再生资源回收流通等几大方面构成。从要素组成部分看，现代流通体系由商品流通、要素流通、行政监管、流通主体运作、流通基础设施五大体系构成。从流通体系统结构来看，现代流通体系是商品从生产到消费流转过程中所形成的由流通基础设施体系、市场体系、企业体系、信用支撑体系、金融服务体系、运行管理体系等构成的有机整体，是具有集约化、数字化、标准化、平台化、国际化等特征的复杂运行系统。根据已有的研究，结合现代流通体系的时代特征，现代流通体系的构成要件分别是主体、客体、载体、保障，见表3-1。

表3-1　　　　　　　　　　现代流通体系的构成要件

构成要件	主要内容	作用
主体	主要为流通企业（商贸企业、物流企业、连锁经营企业、电子商务企业等）等	是进行流通运作的各类企业主体等
客体	各类商品和货物、客户企业等	是商贸物流服务的主要对象，包括各类商品和货物，也包括物流服务的各类需求企业
载体	道路等交通基础设施、金融结算体系、互联网等通信基础设施	是流通运作不可或缺的基础设施支撑
保障	信用（企业信用、商业信用等）、法规（流通法律、标准、规则等）、政策（流通规划引导、政策支持）等	是保障流通正常运转的各种软环境

3. 从现代流通体系的"四梁八柱"看

现代流通体系由市场环境体系、核心运行体系和支撑保障体系构成。其中，市场环境体系是现代流通体系建设的基础条件，包括国内统一大市场等。核心运行体系由高品质现代商贸体系和高水平现代物流体系构成，是现代流通体系的主体部分。现代流通体系的支撑保障体系包括综合交通体系、信用体系、金融体系、政策体系等，是现代流通体系运行的重要支撑和保障，如图 3-1 所示。

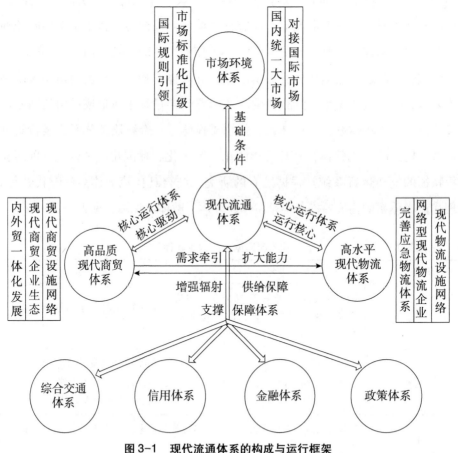

图 3-1　现代流通体系的构成与运行框架

3.2.2 现代流通体系的基础架构

1. 有竞争力的流通主体

流通主体是指在流通体系中从事生产经营活动，使流通过程得以实现的组织或个人。在市场经济背景下，流通主体主要由流通企业以及各种市场经营业户构成，其中，流通企业是现代流通体系中最重要的主体要素。在新发展格局下建设现代流通体系，首先要发挥流通主体的主观能动作用，特别是要打造有竞争力的现代流通企业，以鼓励创新为引领，支持企业做大做强做优。一是要支持企业网络化发展，整合利用国内国际网络资源，打造全球流通运营网络；二是要推动企业一体化发展，深度嵌入工农业生产各环节，打造跨界融合发展新业态；三是要鼓励企业生态化发展，引导大中小企业基于流通供应链、数据链、价值链开展深度对接，构建资源共享、协同发展的流通新生态。通过流通主体竞争力的提升，更好地发挥现代流通体系保障国家经济与战略资源安全、推动产业迈向全球价值链中高端、满足居民消费升级需要等重要作用。

2. 丰富多样的流通客体

流通客体是经由流通主体组织，在流通体系中完成从生产到消费流通过程的交易对象，既包括商品、要素等有形物品，也包括服务等无形对象。流通客体反映了企业组织、消费者等流通需求方对获得某种有形物品或无形服务使用价值的需求，本身就具有多样性特征，而且随着生产方式和生活方式的变化，流通客体也在不断发展变化。在现代流通体系中，由于企业生产组织形态和辐射范围深刻变革，居民生活方式与消费结构迭代升级，流通客体被赋予更加丰富的内容。流通主体的持续创新也在不断发现需求、创造需求，进而引领流通客体向更加多元化、品质化方向发展。新发展格局下的流通体系建设，不仅要满足基本的流通需求，还要进一步丰富流通客体的品种类型，提高商品和服务的附加值，创新流通业态模式，依托流通客体打造具有市场认可度和国际影响力的流通品牌。

3. 支撑有力的流通载体

流通载体指为流通客体从生产到消费流通全过程提供支撑作用的各种条件，既包括基础设施、技术装备等硬件条件，也包括流通渠道、交易市场，以及相关制度、规则、标准、规范等构成的软环境。流通主体是流通载体的使用者，流通载体为流通主体集聚和开展服务提供了环境条件。现代流通体系不但要有完备的基础设施、先进的技术装备、便捷的流通渠道和统一开放的交易市场等，而且要求这些流通载体具有更加完善和强大的功能，不仅能够承载商流，还要承载物流、资金流、信息流、数据流等，实现五流合一、高效衔接、互为支撑。构建新发展格局要求对流通载体的空间分布、结构功能、运行效率等做出重大调整，要能够引导流通要素以国内大循环为主体进行资源配置，要能够为国内国际双循环的紧密衔接创造条件，成为现代流通体系强有力的支撑和保障。

3.3 新发展格局下现代流通体系建设的主体内容

3.3.1 构建现代流通体系承载网络

1. 确定承载网络的基本形态

从现代流通体系的基础架构来看，流通网络承载了流通客体及其他相关要素的流通过程，即承载了商流、物流、资金流、信息流和数据流等，同时为流通主体从事生产经营活动提供了场所、场景和其他必要条件。现代流通体系需要一个由人口、产业、资源要素、商业环境等经济发展和社会运转所需基本元素构成的实体空间来"承载"流通载体建设和流通主体、流通客体运行活动，这是建设现代流通体系的基本依托。为有效发挥网络经济性和规模经济性，现代流通体系承载网络的基本形态应该是以支点和走廊为基本元素，"串点成廊、连廊成网"形成的网状结构。

2. 布局流通支点

结合我国经济发展的历史规律和未来城镇化进程，为更好地支撑和服务构建新发展格局，我们应该以城市为单元，优化流通主体、流通客体、流通载体的空间分布、层次结构、功能运行等，其中，一些城市由于具备区位优势、人口集聚、产业基础等条件，具有较强的流通组织和辐射能力，能够形成较大的流通规模和辐射范围，在促进大循环与双循环中地位、作用突出，我们应依托这些城市着力打造现代流通体系的战略支点，使其在新发展格局下发挥畅通国民经济循环的关键支撑作用。

3. 打造流通走廊

为进一步提升商品和资源要素跨区域流通效率，有效发挥现代流通体系的市场连接和产业组织作用，我们应通过战略支点的相互连接，打造若干设施高效联通、产销深度衔接、分工密切协作的流通走廊，高效匹配资源、要素、产品、服务等在不同地区之间的集中化供给和规模化需求，实现其安全、稳定、经济、高效对接，促进商流、物流、资金流和信息流高效流动。

3.3.2　强化现代流通体系科技与治理赋能

1. 加快现代流通体系科技创新

现代流通体系相比于传统流通体系，不仅是基础架构的升级，更重要的是科技含量的提升。在现代科技的驱动下，现代流通体系逐步实现全体系、全维度、全流程现代化：通过大数据精准匹配供需，向组织化方向发展；通过智能改造、跨界融合和技术业态模式创新，向数字化方向发展；通过统一规范和一体化运作，向标准化方向发展；通过打通国际国内设施网络、流通渠道和市场布局，向国际化方向发展；通过节能型设施改造升级和绿色装备研发应用，向低碳化方向发展。

2. 提升现代流通体系治理能力

在新发展格局下，治理水平的提高是流通体系整体效能提升的关键，我们应以推动治理体系和治理能力现代化为导向，加快现代流通体制机制改革、加大监管力度、健全市场规则，促进商品要素自由流动，提高要素配置效率，完善流通规则与标准，为构建统一的大市场和培育国际合作与竞争新优势提供有力保障。加强现代流通体系治理赋能，还要完善金融、征信、通信等支撑资金、信息流动的软环境支撑系统，发挥金融市场对推动科技、资本和实体经济高水平循环的枢纽作用，营造良好的社会信用体系，进一步规范市场秩序，加强信息共享与互联互通，使流通体系的建设水平与管理水平相互匹配、相互促进。

3.3.3 加快现代流通体系重点领域建设

1. 建设市场体系

在流通体系中，市场发挥着重要的载体作用，不但是撮合和完成交易的场所，而且各种流通规则、标准、政策等的制定和实施也依附于有形或者无形的市场。在新发展格局下，市场体系建设是现代流通体系建设的基础性任务，市场化、法治化、国际化营商环境和统一开放、竞争有序的高标准市场体系是现代流通体系安全、高效运转的重要依托，也是市场在资源配置中发挥决定性作用和更好地发挥政府作用的前提条件。

2. 建设现代商贸流通体系

流通过程中的商流活动主要存在于商贸体系中，商贸流通企业作为最重要的流通主体，借由商贸体系开展生产经营活动，构建流通渠道和流通网络，实现流通客体的物权转移，满足企业组织、消费者等对商品、要素和服务的需求。在新发展格局下，现代商贸流通体系建设更加成为现代流通体系建设的关键所在。超大规模国内市场潜力的爆发不仅需要商贸流通体系满足更大规模、更大范围的流通需求，还需要商贸流通业态模式不断创新发展。国内国际双循环相互促进意味着商贸流通体系要具备国际竞争力，形成全球流通控制力，一方面能够便捷地获取国际商品和资源，更好地满足国内市场需求；另一方面能够为我国依托全球市场延伸产业链、提升价值链提供有效保障。

3. 建设物流体系

在流通体系中，物流伴随商流产生，同时也会引导和促进商流。现代流通体系中的商流和物流愈加向融合方向发展，特别是随着互联网、大数据等现代信息技术在流通领域的广泛应用，商贸企业与物流企业在产业链上下游相互渗透，打造出许多新的商业模式和流通方式。在新发展格局下，物流体系在现代流通体系中的地位不断提升，建设要求也不断提高，不仅要实现有形商品和要素空间位移过程，还要附加更多增值服务，物流运行模式的先进性、物流企业的竞争力和物流基础设施的健全完善同等重要，这些都是物流体系建设的重要内容。

4. 建设综合交通运输体系

综合交通运输体系在流通体系中主要发挥承载物流的作用，综合交通网络的覆盖范围和通达程度、运输组织的成本效率、运输服务的质量水平等对流通体系的正常运行具有重要影响。在新发展格局下，综合交通运输体系建设要以大循环与双循环的空间分布特征、商品和要素的流动规模、经济发展与社会生产生活的实际流通需求等为依据，重点强化主干运输通道的通行能力、综合交通枢纽的组织能力、城市群和都市圈的多元化服务能力、城乡交通网络的基础支撑能力等，充分运用运输组织与智能化技术，着力提高流通承载能力。

5. 建设金融服务体系

在现代流通体系中，货币是物品交换的媒介，商流的产生必然产生资金流，二者形成对流关系。但金融服务体系对现代流通体系的作用并不仅仅是承载资金流，还要为商品和要素的供给方、需求方以及其他第三方提供从事生产、经营、消费等活动所需的资金，因此，金融服务体系对现代流通体系的支撑是多维度的。在新发展格局下，金融服务体系的建设内容也是多元化的，重点是围绕现代流通对资金安全高效融通的需求，完善流通金融服务，提高金融对现代流通的保障能力。

6. 建设社会信用体系

社会信用是决定流通效率、交易成本等的重要因素，随着流通范围的扩大、内容的丰富、参与者与合作方的增加，交易双方或者多方之间直接获取信息的难度越来越大、成本越来越高，现代流通体系的安全高效运行越来越依赖于完善的社会信用体系。在新发展格局下，畅通大循环与双循环必须夯实现代流通的社会信用基础，围绕诚实守信优化营商环境和培育商业文化，加强市场监管，通过提高社会信用水平，为现代流通体系建设提供坚实保障。

3.4 建立现代流通体系政府与市场的良好关系

政府和市场要各自发挥优势,既要明确边界、各司其职、各尽其责,避免缺位错位,又要相互补充、相互促进、互通便利,形成促进现代流通体系建设的合力。

3.4.1 政府分工与职责

在我国现代流通体系建设中,动力和保障系统至关重要,动力因素主要源自市场供需对商品和要素的有效配置,保障系统主要源自政府对流通的统筹。马克思将流通危机的根源归结于资本主义生产资料私有制和过度竞争导致的无政府状态,并致力于彻底打破资本主义私有制,建立社会主义公有制。我国的现代流通体系建设不仅要以辩证的态度继承这一观点和立场,同时更需分析导致市场失灵的流通堵点,以细化保障流通顺利运行的机制建设。

在市场竞争格局下,我们仍要强化市场经济的社会主义属性,巩固国家对现代流通体系的控制力,发挥政府在现代流通体系运行中的支撑、引导和带动作用。现代流通体系建设和运行中要突出国家在以下四个方面的控制力:一是主导消费结构转型升级,二是主导现代流通生产力发展,三是为维护公平的市场秩序发挥示范性和引领性作用,四是配合国家宏观调控政策。具体而言,现代流通体系建设和运行中需要建立健全现代产权制度、分配制度和就业政策,完善信用体系、金融体系,加强流通体系各环节新型基础设施建设,尤其是数字化、信息化改造升级,以此来实现"有形之手"与"无形之手"的良性互动,突出中国特色社会主义制度的优越性。

从加强政府推动力的视角看,中央及各级地方政府在构建新发展格局中要强化现代流通体系建设的统筹工作。在商贸流通方面,以内外贸融合、城乡融合、线上线下融合、上下游融合、商旅文融合等为发展重点。在物流方面,以物流基础设施、国内国际物流服务、城乡物流一体化等为发展重点,确定新目标、布局新空间、培育新主体、发展新业态、搭建新平台、建设新项目、营造新环境、制定新政策;同时,重视传统商品市场和物流基础设施的升级改造，大力推动流通"新基建"，建设一批有示范、引领作用的重大平台和重点工程，全面引领我国现代流通体系建设。

在市场经济条件下，政府的流通管理职能主要是营造公平竞争、有序运行的市场环境，要由管行业转向重点规范市场主体行为，促进市场有序、健康发展。第一，更加尊重市场规律，营造良好的市场环境。政府主管部门应把工作的着力点转到营造公平竞争环境、制定市场交易规则上来，创造自由流通不受限制、经营主体不受歧视、制度成本低、商业诚信好、消除垄断和恶性竞争的经营环境。第二，推动现代流通体系支撑软硬件建设。政府要科学运用宏观调控政策和产业政策，加快完善综合交通运输体系、金融支付体系和信用体系，为现代流通体系建设提供强大的基础支撑保障。第三，发挥政府监督管理作用。在形成市场秩序环境的同时，要注重市场的动态调节，即政府要充分发挥监管主体职能，监督市场交易行为，防范市场异常波动和资本无序扩张，维护流通市场秩序长期稳定健康发展。

3.4.2　市场分工与职责

构建现代流通体系要充分发挥市场在资源配置中的决定性作用。马克思把 W-G（具体产品通过取得社会公认转化为货币形式的过程）视为流通的关键环节，并将该环节形容为"惊险的跳跃"。如果这一环节运行不畅，整个流通过程将受到严重影响，甚至会引发危机。基于 W-G 在流通中的关键作用，我们需重点保证该环节的顺畅运行。只有打通这一环节的各个堵点，才能有效发挥流通体系在国民经济运行中的基础作用，这一观点是各经济理论的共识。但是，充分发挥市场在资源配置中的决定性作用不等于"唯市场"，而是既要充分了解和尊重市场规律，也要看到市场有失灵的一面，以此为指导，将更有利于形成我国现代流通体系建设的统筹思维。

从发挥企业主动性视角看，要把我国的企业主体，特别是流通企业作为我国现代流通体系建设的主力军。从现代流通体系的构成要件看，现代商贸和现代物流市场化程度较高，在商业网点、物流基础设施、商品贸易、物流服务等领域，应主要由市场化的企业进行投资建设和运营，特别是要把品牌化、连锁化、网络化发展能力建设作为我国现代流通体系建设的核心内生动力，通过加快推动营销网络、物流网络建设，强化面向国内国际的商贸物流辐射，培育一大批具有国际市场竞争力的现代流通企业；在供应链金融服务、货运设施保障、信用支撑等领域，也应培育一批市场化运作的配套支撑企业，为现代流通体系的运行提供服务保障。

3.4.3 其他参与主体分工与职责

现代流通体系建设还涉及行业协会等第三方主体。流通领域行业协会通过发挥政府与企业之间的桥梁作用，能够开展培训、统计、认证等服务，将流通企业发展中遇到的困难和政策诉求及时、客观地上报给相关政府管理部门，为现代流通体系建设贡献力量。同时，现代流通体系还涉及非本行业的社会服务机构，如征信、法律、财务、培训、认证、鉴定等社会服务机构，通过为各类流通企业、政府提供第三方社会服务，这些社会服务机构成为完善现代流通体系的重要支撑力量。

此外，还有一些非企业的合作组织在现代流通体系特别是流通细分领域发挥着不可替代的作用。以农产品流通为例，在日本农产品流通组织中占主导地位的是农业协同组合（简称农协），农协是将分散的农户团结起来形成的公益性组织，为农户提供农产品市场信息，提供物流资源配置服务，帮助农户开拓销售市场，有效增强了单个农户抵御市场风险的能力。我国农产品流通体系仍以分散的农户和批发商为流通主体，但近年来通过学习、借鉴国外经验，结合我国农村实际，农业合作社等主体快速发展，通过引导分散的农户进行规模化种植，并衔接需求企业，在农产品流通中发挥了重要作用。类似农业合作社的非企业组织，未来将在我国现代流通体系建设中发挥重要作用。

第四章

总体思路：现代流通体系建设方向与目标

　　"十五五"时期是推进中国式现代化和迈向社会主义现代化强国的关键时期，有效发挥现代流通体系对国民经济发展的先导性、基础性和战略性作用，必须以价值释放、成本降低、效率提升、质量提高为发展导向，以发展现代流通市场、构建现代流通网络、培育现代流通企业、发展流通新质生产力为发展方向，以流通基础设施不断完善、流通市场主体富有活力、流通运行效率和服务水平显著提升，以及流通治理能力和系统韧性不断提高为发展目标，确立推进现代流通体系建设的总体思路。

4.1　现代流通体系的发展导向

4.1.1　释放价值红利，激发庞大经济体发展新动能

　　流通对国民经济运行具有重要的战略价值、经济价值和社会价值创造能力，高效的流通体系能够激发我国庞大经济体发展新动能。

1. 流通具有战略价值创造功能

　　第一，保障国家安全。流通对确保粮食、能源、矿产等战略物资的畅通流动至关重要，极端状态下安全可靠的流通体系直接关系到国家基本运转和人民基本生存。

　　第二，维护经济社会稳定。高效顺畅的流通体系能够确保产业链供应链安全稳定，进而避免因供应短缺或价格波动引发的社会动荡；韧性强、可靠性高的应急物资保供体系能够在重大自然灾害、重大安全生产事故、重大公

共卫生事件发生时有效保障人民群众生命和财产安全。

第三，提升国际竞争力。优秀的流通体系有助于国家更好地参与国际贸易，促进出口和引进先进技术。国家流通能力直接关系到我国的全球竞争力，进而影响到我国的国际地位。

2. 流通具有经济价值创造功能

第一，促进市场经济运行。流通是市场经济体系的重要组成部分，通过市场供需机制，促使资源和产品在经济体系中自由流动。高效的流通体系有助于形成良性的市场竞争，推动价格形成和资源优化配置。

第二，提高生产效率。流通体系的优化有助于提高产业链供应链整体效率，通过优化物流、库存管理和供应链协同，生产者能够更迅速地响应市场需求，减少浪费，提高生产效率。

第三，推动国际贸易。发达的流通体系有助于国家更好地参与全球贸易，推动出口和进口，增加国际收入。

第四，提高企业竞争力。通过发展高效供应链、便捷物流和精准市场营销，企业能够更好地满足消费者需求，拓展市场份额，进而提高综合竞争力。

第五，促进投资和创新。完善的流通体系能够吸引投资、推动创新，通过引入先进的技术和管理模式，为整个经济创造更多价值。

第六，贡献经济增长。流通领域批发、零售、运输、仓储、邮政、物流、信息、金融等行业的总产值汇总将直接贡献为国内生产总值。

3. 流通具有社会价值创造功能

第一，提高居民生活水平。通过内畅外联、覆盖全球的流通渠道，世界各地的商品和服务可更加便捷地流向我国，有利于提高人们的生活水平。

第二，创造就业机会。流通领域涵盖的批发、零售、运输、仓储、邮政、物流、快递、信息、金融等行业提供了大量就业机会，有助于改善我国就业状况，提高人民群众的社会融入感。

第三，促进社会平等。流通的发展有助于打破地域和社会层次之间的差异，使不同地区的人们能够分享相似的商品和服务，让全国人民共享我国发展成果，有助于促进社会平等。

第四，促进社会稳定。流通活动连接生产和消费，使生产者、供应商、零售商和消费者之间建立起更为紧密的关系，社会成员之间的联系得以加强，形成更加稳定的社会结构。

我国流通经济价值创造能力巨大，为流通强国建设提供了基础条件。一方面，流通产业对直接经济的贡献仍有较大增长空间。仅以交通运输、仓储和邮政业，以及批发和零售业构成的小口径流通产业计算，2023 年，我国流通产业增加值为 18.09 万亿元、占 GDP 比重为 14.3%，与美国流通产业增加值高达 30.46 万亿元、占 GDP 比重 15.8% 相比，尚有较大增长空间。另一方面，流通产业对间接经济贡献达 25.7%，供需双侧带动效应显著。以投入产出方法对国民经济全口径进行计算，以流通为需求牵引，流通产业带动其他行业经济增量达 11.4%；以流通为供给拉动，流通产业带动其他行业经济增量达 14.2%。供需双侧共同发力，总体带动其他行业经济增长达 25.6%，直接贡献与间接贡献相叠加，流通产业创造的增加值占 GDP 的比重达 40%，经济增长贡献能力十分强劲。

4.1.2 降低运行成本，促进流通全链条各环节畅通

1. 降低全社会流通成本是重要方向

立足国民经济循环视角，流通连接生产和消费，社会流通活动是物品从供给方向需求方转移过程中发生的包括商流、物流、资金流和信息流等活动的有机整体。从上述视角看，国民经济各方面用于商流、物流、资金流和信息流等社会流通活动的各项费用支出之和即全社会流通成本。显然，全社会流通成本不等于全社会物流成本，还包括交易成本、资金成本和信息成本。降低全社会流通成本，应在落实中央财经委员会第四次会议关于降低全社会物流成本决策部署的基础上，进一步降低流通活动的交易成本、资金成本和信息成本，这是今后现代流通体系建设的重要方向。

2. 降低全社会流通成本具有较大空间

据中国物流信息中心测算，在 2022 年的社会流通活动中，同时发生商流和物流活动的物品总额占社会流通物品总额的比重为 40%，产生的社会流通

费用为 22.02 万亿元，其中，物流费用 10.68 万亿元、交易费用 10.67 万亿元、资金费用 0.67 万亿元（三项费用中均已包含伴随发生的信息费用）。仅发生物流活动、未发生商流活动的物品总额占社会流通物品总额的比重为 60%，产生的社会流通费用为 7.18 万亿元，主要为物流费用及伴随发生的资金费用和信息费用。将两者相加，可大致推算得到，2022 年我国全社会流通总费用约为 29.20 万亿元，与 GDP 的比率约为 24.1%，高出社会物流总费用与 GDP 的比率（14.7%）约 9.4 个百分点，存在较大下降空间。

4.1.3 提高循环效率，有力有效引导生产、促进消费

1. 聚焦三个维度，推动流通、生产、消费循环高效畅通

现代流通体系通过推动资源优化配置，降低经济运行成本，提升生产消费对接效率等，促进经济运行效率提升。

第一，促进流通过程效率提升。流通是市场经济体系中的重要组成部分，现代流通体系通过市场供需机制驱动资源和产品在经济体系中顺畅流动，促进物流、交易、管理等成本降低，提升商流、物流、资金流和信息流等流动效率，引导要素向效率高、效益好的领域和企业集中，引导商品向需求最高的消费者集中，有助于形成良性的市场竞争，推动价格形成和资源优化配置及利用，促进流通过程效率提升。

第二，促进生产效率提升。现代流通体系有助于生产者更迅速地响应市场需求，引导上游生产环节精准生产并供给适配度更高的商品，根据市场需求调整物流、批发、零售等网络布局和服务组织方式，减少浪费，提高生产效率，优化物流、库存管理和供应链协同，提高产业链供应链整体效率，助力供给侧结构性改革，不断提高供给质量和水平，推动经济高质量发展。

第三，促进消费提质扩容增效。现代流通体系直接接触终端消费者，能够最早洞察消费端需求变化趋势，有助于更好地发挥流通作为中间环节的信息传导功能，能更大程度地激发消费潜力，促进消费提质扩容增效。

2. 围绕四大手段，通过渠道、技术、信息、制度促进效率提升

第一，通过流通渠道优化促进效率提升。通过整合和优化流通渠道，减

少流通环节，降低流通成本，提升流通效率和经济运行效率。

第二，通过流通技术赋能促进效率提升。发挥科技革命和产业变革对流通体系的变革作用，推进现代流通体系技术、业态和模式创新，提升流通全链条运行效率。

第三，通过降低信息壁垒促进效率提升。通过生产消费数据对接、商品销售信息传导等，实现供需高效匹配；通过提升流通过程中运输服务、金融、信用等流程的信息化水平，实现流通过程的便捷高效；通过不同主体之间信息资源融合和大数据综合应用破除流通障碍，提升经济运行效率。

第四，通过流通制度建设促进效率提升。通过运输环节规则和标准统一强化设施衔接，强化基础设施、载运工具、集装设备、票证单据、作业规范等标准对接，发展联运快运，提升流通效率，通过简化行政审批、减少监管限制和放宽市场准入，降低企业开办、运营和退出成本，提升经济运行效率。

4.1.4 提升服务质量，深度覆盖城市农村、国内国际

1. 完善流通环节功能，夯实高品质流通服务基础

推动商贸流通服务转型升级，应优化商贸服务网络布局，提升改造商业设施，发展商贸新模式、新业态，提升商贸体系国际竞争力，培育骨干商贸企业。

第一，推进现代物流服务提质降本增效。优化物流网络布局，建设高效的配送体系，提升物流标准化水平，提升供应链物流水平，培育现代流通企业。

第二，提高交通运输、金融、信用服务支撑能力，提升综合立体交通网流通功能，提高交通运输组织和服务水平，完善流通金融保障体系，规范发展供应链金融，完善重要产品追溯系统。

第三，以功能融合提高整体服务质量，通过商贸与物流及商贸物流与交通运输、金融、信用等其他流通功能的融合，培育具有高度一体化特征的现代流通新业态、新模式等，推进流通体系整体服务质量提高。

2. 发力重点流通领域，切实提高服务能力和控制力

第一，通过服务重要农产品农资流通、健全冷链物流设施体系等方式提升流通业服务农业的质量。

第二，服务初级产品和关键产品流通安全。通过服务重要能源产品、重要矿产品原材料、重要商品的供应链安全保障能力，强化对基础性、战略性物资和高科技产品的流通保障能力。

第三，通过提升流通企业全球网络控制能力，加强流通领域国际合作，强化内外贸一体化制度建设等，推进流通国内国际双循环服务质量提升。

4.2 现代流通体系建设方向

4.2.1 发展完善有序高效的现代流通市场，营造良好的流通环境

统一有序的流通市场环境是商品要素自由、高效流动的基础。提升流通现代化发展水平，应着眼商品和资源低成本、高效率自由流动，这就要求构建类型丰富、统一开放、公平有序、配套完善的高水平现代流通市场。

第一，重点推进商贸市场、物流市场和交通运输市场融合联动、有机协同，充分释放各类市场活力。

第二，坚持市场化法治化导向，强化竞争政策基础地位，健全统一的市场规则和制度体系，形成市场机制作用充分发挥、资源配置全面高效的全国大市场。

第三，发挥金融、信用对市场的支撑作用，深化流通领域金融供给侧结构性改革，完善流通领域信用治理，强化金融有效供给和信用服务保障。

4.2.2 构建内畅外联的现代流通网络，优化空间布局促发展

由商贸、物流等基础设施构成的现代流通网络是实现商品所有权交易和实物交割的重要载体，提升流通现代化发展水平，实现商品和要素跨区域、大规模流通，就要求优化商贸、物流、交通等设施空间布局，构建东西互济、南北协作、内外联通的现代流通骨干网络，发挥现代流通的市场连接和产业

组织作用。

第一，重点依托全国优势资源地、产业和消费集聚地，布局建设一批流通要素集中、流通设施完善、新技术新业态新模式应用场景丰富的现代流通战略支点城市。

第二，服务区域重大战略、区域协调发展战略、主体功能区战略，串接现代流通战略支点城市，打造若干设施高效联通、产销深度衔接、分工密切协作的骨干流通走廊。

第三，服务畅通国内国际双循环，发挥现代流通战略支点城市内外连接作用，延伸骨干流通走廊辐射范围，推动形成覆盖全球、安全可靠、高效畅通的流通网络。

4.2.3 培育优质创新现代流通企业，打造世界一流的经营主体

市场主体是完成现代流通活动的实施者和刺激现代流通发展的活力源泉，提升流通现代化水平，就要求发挥企业在建设现代流通体系中的主体地位，支持流通企业做大做强做优，增强创新创造力和核心竞争力。

第一，重点支持现代流通企业网络化发展，对内优化升级商贸和物流网络，对外整合利用全球网络资源，构筑成本低、效率高、韧性强的全球流通运营网络，培育国际合作和竞争新优势。

第二，推动现代流通企业一体化发展，促进商贸、物流融合，深度嵌入工农业生产各环节，打造跨界融合发展新业态。

第三，鼓励现代流通企业生态化发展，引导大中小企业基于流通供应链、数据链、价值链开展深度对接，构建资源共享、协同发展的流通新生态。

4.2.4 发展流通新质生产力，提升流通组织化、数字化、绿色化、国际化发展水平

建设现代流通体系就要把握新一轮科技革命和产业变革历史机遇，加速流通领域新质生产力发展步伐，提升流通组织化、数字化、绿色化、国际化发展水平。

第一，应重点强化流通各环节各领域数字赋能，拓展流通领域数字化应用深度、广度，加快流通设施智能化建设和升级改造，促进流通业态模式创新发展，提升流通数字化治理水平。

第二，强化流通对资源要素配置的组织作用，促进产业链供应链高效运行，推动供需精准适配，发挥流通企业和平台资源的整合作用，优化商品和要素跨地区、跨领域大规模高效流通。

第三，立足高水平对外开放，加强流通领域国际合作，深度融入全球产业链供应链，提升全球资源和要素配置能力，助力我国产业迈向全球价值链中高端。

第四，贯彻绿色低碳发展理念，加大绿色技术装备推广应用，加快流通设施节能改造，降低流通全过程资源消耗和污染排放。

4.3　新发展格局下现代流通体系建设目标

推进现代流通体系建设可按两个阶段进行。

第一阶段到 2025 年，现代流通体系加快建设，商品和资源要素流动更加顺畅，商贸、物流设施更加完善，国内外流通网络和服务体系更加健全，流通业态模式更加丰富多元，流通市场主体更具活力，交通承载能力和金融信用支撑能力明显增强，应急保障能力和绿色发展水平显著提升，流通成本持续下降、效率明显提高，对畅通国民经济循环的基础性、先导性、战略性作用显著提升。

第二阶段到 2035 年，现代流通体系全面建成，形成覆盖全球、安全可靠、高效畅通的流通网络，流通运行效率和质量达到世界先进水平，参与国际合作和竞争新优势显著增强，对现代化经济体系形成高效支撑，为满足人民美好生活需要提供坚实保障。

具体发展目标包括以下四点。

4.3.1　流通基础设施趋于完善

商品要素交易场所和平台类型丰富、功能完备，城乡商贸流通设施明显提档升级；综合交通运输网络货运承载能力显著增强，干线通道与"最先一公里""最后一公里"瓶颈基本消除；国家物流枢纽成网运行，物流大通道畅通，流通断点堵点大幅减少，支撑流通的金融、信息等基础设施得到加强。

4.3.2 流通市场主体富有活力

流通企业实现网络化、一体化、生态化发展，市场主体地位显著增强；在大宗商品、制造业供应链和批发零售等领域形成具有全球流通渠道掌控力和市场领导力的企业集团，形成以跨国流通企业集团为龙头，专业企业、地域特色企业和中小微企业差异化竞争、协同化发展的市场结构，国际竞争力大幅提升，货物进出口贸易总额全球占比大幅提高；流通管理和专业技术人才队伍初步建立，行业创新力迈上新台阶。

4.3.3 运行效率与服务水平显著提升

现代科技与流通体系深度融合，流通技术和装备升级迭代；流通新业态、新模式不断涌现，智慧流通场景应用广泛，商贸、农产品流通等重点领域现代化水平大幅提升，流通新经济蓬勃发展，网上实物商品零售额占社会消费品零售总额比重不断攀升；流通规则与标准体系更加完善，各领域各环节实现高效对接，流通组织化程度大幅提高；流通金融服务水平明显提高，直达各流通环节经营主体的金融产品丰富多元，供应链融资规模逐渐壮大；绿色流通加快发展，节能减排成效明显。

4.3.4 治理能力与系统韧性不断提高

流通关键领域改革取得积极进展，管理体制更加完善，数字技术在流通治理领域应用广泛，流通领域信用保障明显加强，国内统一大市场基本形成，商品要素自由流动壁垒明显减少，营商环境持续改善；流通体系应对国内外环境变化和市场波动的有效性、灵活性增强，重大突发事件应急能力明显增强，事关国家经济安全稳定的重要物资国际供应链保障能力显著提升。

第五章

重大任务：推进"一市场、两体系、三支撑"

遵循现代流通体系建设方向，着眼于推动现代流通体系建设目标实现，按照"一市场、两体系、三支撑"整体框架，我们对现代流通体系各项工作加以分解和组合优化，形成推进流通市场化改革、完善现代商贸流通体系、加快发展现代物流体系、增强交通运输流通承载能力、加强现代流通的金融支撑和强化现代流通的信用保障六大发展任务。

5.1 推进流通市场化改革

5.1.1 促进商品和要素高效配置

1. 推动重点领域市场化改革

第一，完善流通领域数据资源确权、交易、应用等规定，加快培育流通大数据交易平台，保障流通大数据安全，健全数据要素市场化配置机制，促进数据资源合规交易、高效利用。

第二，完善流通领域专利技术和知识产权鉴定、评估、定价与交易机制，促进更多专利技术推广应用和知识产权成果转化。

第三，鼓励各类金融机构、中介机构积极参与流通领域要素市场交易，提供融资、担保、保险等综合服务。

第四，推动大型流通企业混合所有制改革，健全现代企业制度，优化市场主体结构。

第五，推进铁路、民航、邮政等行业竞争性环节市场化改革，推动形成统一开放的交通运输市场。

2. 提高重要资源配置能力

第一，推进全国性能源、粮食、矿石等资源性产品交易平台建设，稳步扩大上市交易品种范围，形成重要资源国际贸易竞争优势。

第二，培育资源整合能力强、经营网络覆盖广的跨国大型贸易商，提高进口大宗商品大规模集中采购水平，提升集采对国内发展的带动力和国际价格影响力。

第三，推出航运指数期货等创新产品，支持化工产品、金属材料等领域期货产品扩面。

第四，完善期货监管法律法规，积极探索期现联动。

第五，加大商品期货对外开放力度，探索结算价授权等多元化开放路径，吸引境外实体企业和投资机构积极参与。

3. 优化流通领域商事服务

第一，推进流通企业开办、变更、注销等商事服务规范化、便利化，优化"一网通办""一窗办成"业务流程，推广简易程序，进一步压缩办理时限。

第二，完善流通领域融合发展业态的登记注册管理制度，统一优化消防、环保、卫生等管理规定。

第三，健全商事权力清单制度，规范行使管辖权、审批权、执法权，严禁违规用权、以权谋私等行为。

第四，建立商事服务质量第三方评价制度，拓宽市场主体意见反馈渠道，健全处理回应机制，提升商事服务水平。

5.1.2 完善市场准入和竞争制度

1. 完善流通领域市场准入制度

第一，落实"全国一张清单"管理模式，严禁各部门、各地方自行发布市场准入性质的负面清单，确保市场准入负面清单制度统一性、严肃性、权威性。

第二，继续放宽准入限制，选择相关重点地区实施放宽准入特别措施，支持有条件的地区开展放宽准入试点。

第三，研究建立市场准入效能评估指标体系，稳步开展市场准入效能评估，持续提高市场准入效能。

第四，深化"证照分离"改革，大幅削减流通领域行政许可前置中介服务事项，加快解决"准入不准营"问题。

第五，研究流通领域通用性资格资质清单，统一规范认证程序及管理办法，提升全国互通互认互用效力。

2. 加大公平竞争审查力度

第一，推进流通领域落实公平竞争审查实施细则，进一步明确审查范围、细化审查标准、优化审查流程。

第二，健全公平竞争审查实施机制，推动政策制定机关实行内部统一审查，或者由具体业务机构初审后提交特定机关复核，探索建立流通领域重大政策措施会审制度。

第三，鼓励各地区、各部门建立第三方专业机构参与审查机制，协助对涉及流通领域的政策措施进行公平竞争审查和定期评估。

第四，增强公平竞争审查制度刚性约束，及时清理和废除妨碍统一市场和公平竞争的各种规定和做法，统筹做好增量审查和存量清理。

第五，研究制定流通领域公平竞争审查工作指引，提高审查的规范性、专业性、科学性。

3. 加强反垄断和反不正当竞争执法

第一，加强流通领域市场竞争状况评估，分析研判市场结构类型，依法开展反垄断和反不正当竞争执法，维护市场公平竞争秩序。

第二，制定完善的反垄断和反不正当竞争法律法规，推动流通企业合规经营。

第三，引导平台经济、共享经济等新业态良性发展，防止资本无序扩张。

第四，建立健全反垄断、反不正当竞争合规自律机制，促进流通企业合规管理。

第五，强化跨区域行政执法协同配合机制，形成反垄断和反不正当竞争执法合力。

第六，畅通违反公平竞争问题反映和举报通道，维护经营者和消费者合法权益。

5.1.3　健全一体化衔接规则和标准

1. 加强流通规则和标准制定或修订

对标国际先进规则、标准，根据市场需要和企业实践，制定或修订适合我国国情的流通规则和标准。

第一，完善商品命名、编码、计量等规则和规格、品级等标准，提高流通透明度和效率。

第二，完善市场交易准则，严禁设定不合理的结算方式、拖延付款期限等行为；健全流通领域标准体系，推动国家、行业、团体、地方和企业标准相互配套、相互补充；建立健全流通数据资源采集、传输、链接等规则，提高数据质量和交易规范性。

第三，完善物流体系标准，推动基础通用和产业共性物流技术标准优化升级，强化各运输方式、各物流环节衔接。

2. 加快流通规则和标准的衔接应用

加大流通领域规则、标准实施、应用力度，鼓励中介组织发挥行业推动作用，引导产业技术联盟率先推广，支持骨干核心企业示范引领，激发企业应用标准的积极性；推动流通领域基础设施、载运工具、集装设备、票证单据、作业规范等标准相互衔接和应用，加强与生产领域规则、标准对接；推动国内外流通规则、标准对接，开展规则、标准研究、互译、互认等国际交流合作，加强我国优势领域国际规则和标准制定引领，营造高水平经贸规则、标准应用软环境。

5.2　完善现代商贸流通体系

5.2.1　优化现代商贸流通基础设施体系

1. 优化升级城市商贸流通设施

从全国看，我国城市商贸流通呈现东、中、西部区域发展不均衡，不同城市资源配置水平差异大的特点；在城市内部，不同行政区商贸流通设施集聚度差距大，服务商业消费的商贸流通设施总量过剩，面向居民日常生活的商贸流通设施仍显不足。城市商贸流通设施发展需要以存量资源优化升级为主，加快补足欠发达区域、城市内部设施短板，用好行政管理、"双碳"约束等手段，推进市场主体合理配置商贸设施资源。具体而言，国际消费中心城市要完善服务全球消费的中心城市国际化、高端化、智慧化商业消费设施，形成主要城市群和经济区均有引领性国际商业中心的布局；商业设施过剩城市要合理疏解转型，发展便民商业、租赁业态，释放城市土地空间资源，减少存量商业设施恶性竞争；城市老旧小区要结合城市更新完善社区商业网点配置，补齐社区菜店、菜市场、农副产品平价商店、便利店、早餐店、家政服务点等居民生活必备的商业设施短板，严格监管社区商业网点用途。

2. 补齐农村商贸流通设施短板

农村商贸流通设施是全国城乡经济循环的重要载体，有助于农村区域深度融入国内大循环，促进农村日常消费品与城市同步供应，带动农产品拓展市场空间，助力农民增收和共同富裕。农村消费能力较弱，造成市场主体投入商贸流通设施意愿不足，需要以设施共享共用为导向，完善服务农村生产生活各类商贸流通设施，解决好农产品进城"最初一公里"和工业品下乡"最后一公里"问题。具体而言，要推动农村商贸流通设施与交通、邮政、供销、快递场站、服务点共用，强化设施服务消费品下行和农产品上行的多用途功能，鼓励电商平台布局农村网点设施，完善农村寄递物流体系；要支持农产品冷链流通设施建设，重点加强全国重点农业产区冷库建设，补足田头预冷设施短板，提高冷链设施利用率，降低农产品流通损耗。

5.2.2 提升商贸流通服务生产消费能力

1. 服务农业生产，推动农产品产销双促

现代商贸流通的扁平化、平台化、信息化发展为农产品流通现代化转型提供了重要机遇，精简农产品流通链条，推动信息化基础上的产销深度对接，将有效服务农业生产，畅通城乡经济循环。推进农产品流通现代化，需要在市场体系建设、流通组织化水平提高、产销对接服务强化等方面协同发力。具体而言，要加强农产品产地市场体系建设，根据农产品产地市场的类型和区域等特点，加强产地市场基础设施建设，提升产地农产品流通效率，为农产品流通新技术和新业态的应用提供基础条件；要提高农产品流通组织化水平，推动家庭农场、农民合作社、农业产业化龙头企业、农业社会化服务组织等加强合作，强化与电商平台、商超等流通主体对接，实现农产品产供销衔接畅通；要强化农产品流通信息服务，丰富农产品交易方式，畅通农产品生产、需求、交易、物流等信息渠道，为电子结算、拍卖、期货等现代化交易方式的推广提供数据支撑，加快大数据分析应用，提供农产品价格、需求等预测服务，用以指导改进农业生产。

2. 服务工业制造，强化反向引领支撑作用

传统商贸流通渠道下形成了工业生产、各级经销商销售、消费方购买的流通链条，以 B2B、B2C 电商平台为引领的现代商贸流通方式直接联系生产商和消费方，实现了产销高效对接，为流通反向引领生产提供了精简化的渠道和平台数据积累等基础条件。推进商贸流通更好地服务于传统制造业，加快促进我国制造业规模优势向生产、流通协同发展优势演进，推动制造业高质量发展，需要商贸流通在拓展制造业产品市场、服务制造业高质量转型方面共同发力。具体而言，要在防范垄断和不正当竞争的前提下，继续发挥好线上平台作用，服务品牌制造商拓展销售渠道，同时依托大型电商平台品牌优势，为小微制造和代工企业开发电商产品线，提高制造企业利润率，支持出口转内销；要鼓励电商平台基于消费大数据向制造企业提供精准的需求挖掘和产品开发方案，以反向定制模式推进系列产品线完善。

5.2.3 推进线上线下业态良性互促发展

1. 加快实体商贸流通业态转型，培育错位竞争优势

受电商零售蓬勃发展的影响，传统实体商业渠道网络冗长、业态更迭较慢等缺陷加快凸显，不再适应当前便捷化、多元化的消费需求。目前，我国商业线上和线下综合经营成本接近，电商平台高速扩张的发展红利期已接近

尾声，这为实体商贸流通业态发挥错位竞争优势提供了条件。具体而言，要发挥线下消费体验优势，实施商业街区整体规划改造，清退低端业态，打造休闲消费综合性商业设施群，在亲子消费、吃穿游购娱"一条龙"消费、奢侈品消费等方面夯实线下发展优势；要推动实体商业业态加强与新消费趋势、年轻群体消费需求结合，积极发展国潮、国货等业态，形成一批新增长点；要发挥国内强大市场优势，促进各商业集团合作，增强实体商业对国际品牌渠道网络的话语权，强化渠道整合、新品发布等方面的竞争优势。

2. 推进线上商贸流通有序发展，大力赋能实体商贸

近年来，市场监管部门在电商平台领域大力实施反垄断和反不正当竞争执法，电商零售逐步进入良性发展轨道；同时，大型电商平台发挥技术积累和数据沉淀优势，赋能线下实体商贸业态，形成了电商平台与实体商业互相促进的发展局面。推进线上线下互促发展，需要进一步扩展互补领域、发挥各自优势，合理发挥商贸流通领域资本市场的作用，实现有序发展。具体而言，针对传统商贸流通渠道不畅的县、乡、村等下沉市场，要支持线上平台优先向线下覆盖缺失地区和领域开展商贸流通服务，针对地方特色优质产品进行市场拓展，强化线上平台推广作用；要明确线上平台对实体商业科技赋能中相关数据、客户等资源的所有权归属，加强技术设备升级和大数据公共化服务合作，推动线下小店经营活力提升，避免同质化恶性竞争。

5.2.4 发掘国际商贸流通竞争合作优势

1. 推进商贸流通企业和各类企业协同拓展国际市场

我国大型商贸流通企业国际竞争力不强，不利于我国产业价值链延伸以及超大规模消费市场带来的内外循环互促优势的发挥。商贸流通企业"走出去"是一项系统工程，实体商贸流通企业、电商平台、物流企业、制造业企业需要发挥合力，协同推动商贸网络向海外市场深度延伸。具体而言，要推动商贸流通企业和物流企业协同，配合国际商贸流通渠道在国外的拓展，将物流网络延伸至国外，直至发展为"端到端"国际物流服务，支持企业建设境外营销、支付结算和仓储物流网络；要推动线上和线下商贸流通企业国际市场开拓协同，用好国内新业态、新模式发展经验和数据沉淀优势，强化国际商贸流通线上线下综合竞争力；要鼓励商贸流通企业服务制造业企业拓展海外市场，通过引厂进店、产品联合开发、设立特色商品销售专区等方式，带动"中国制造"品牌及优势特色产品进入国外零售终端。

2. 充分发挥国际商贸流通平台作用

近年来，我国建立了一批国际贸易往来促进平台，为商贸流通的国际化发展提供了重要载体，我们需要引导商贸流通企业用好各类平台，并在国际商贸流通平台和载体建设、政府服务能力提升、重点区域国际合作上加大支持力度。具体而言，要继续建设自由贸易试验区，并将其打造成国内国际商贸流通衔接发展的重要平台，提高商贸流通领域双向开放水平，发挥大型国际商贸流通平台的作用，继续布局建设衔接国内外两种资源、两个市场的境外经济贸易合作区；要建立政府间的商贸流通协调机制，完善服务支持政策体系，在财政、税收、外汇、信贷、信息、技术援助等方面对商贸流通企业境外业务开展提供全方位服务；要加强双边和多边自贸协定谈判，用好既有自由贸易协定，以区域全面经济伙伴关系协定（RCEP）的签署为契机，鼓励国内商贸流通企业优先完善面向东盟等地区的国际商贸流通网络。

5.2.5 激发现代商贸流通创新引领动能

1. 推动商贸流通设施装备数字化升级改造

传统百货、商超、街边小店等商贸流通设施难以支撑新业态、新模式发展，我们需要加快推动设施装备数字化转型升级，为商贸流通创新发展提供基础支撑，以获取更高的商业价值。具体而言，要加快提升5G在大型商业设施中的覆盖度，推动打造"智慧街区""智慧商圈"，建设无人商店等设施，全面提升商贸流通设施数字化、智慧化水平，加强无人、物联网、自动识别等技术在线下商业的普及力度；要围绕数字货币等应用场景，支持国内龙头电商平台、连锁经营企业、小微零售企业升级改造交易结算系统，为数字货币在上述领域率先应用提供技术支撑。

2. 筑牢商贸流通大数据底层系统

我国庞大的国内市场带来了巨大的商贸流通数据资源，我们应有效采集、合理应用商贸流通大数据，推动数据资源价值惠及科技企业、电商平台、小微商贸主体、制造业和农业主体，以庞大的社会商贸流通数据池培育、发展各类商贸流通新业态、新模式。具体而言，要通过大型电商、科技平台企业赋能，加强线上线下商贸流通主体的数据采集、存储和分析应用，推进各采集主体、各产品品类数据标准化，增强数据使用和追溯的便利性，提高以大数据为依托的用户画像、营销推广和金融服务水平；要确保数据安全和各类主体数据资源价值，加强区块链等去中心化技术应用，强化商贸流通信息数据安全保护，保障公民隐私信息和企业商业信息安全，探索数据要素价值实现路径。

3. 加强各类商贸流通业态模式创新应用

在线上线下商贸流通不断融合发展的背景下，线下业态通过加强线上科技和数据赋能实现了多元化发展，疫情期间更为线下业态经营提供了重要助力，线上业态在规范发展的情况下，进一步与各类生活场景结合，服务和引领居民消费扩张。具体而言，要利用5G、物联网等技术加快发展新商业，推动"云逛街"、无人超市、无人商店、线下试穿体验店等模式发展；要把握年轻人和新市民消费群体新需求，推动直播带货、短视频营销、社区团购等规范化发展。

5.2.6 培育具有突出竞争力的商贸企业

1. 培育网络化大型商贸流通企业

我国实体商贸流通企业连锁化经营和网络化发展水平较为滞后，在网络覆盖面、价值获取能力等方面，与沃尔玛、亚马逊等国际一流实体和平台类商贸流通企业还存在较大差距，我国需要加快培育网络化大型商贸流通企业。具体而言，要鼓励实体商贸流通企业利用参股、控股、联合、兼并、合资、合作等方式做大做强，鼓励织密国内外分销服务网络、物流网络，培育参与国际商贸流通组织的大型商贸流通企业；要推动平台型商贸流通企业拓展国外市场和国内下沉市场，为我国商贸流通国际综合竞争力的提升和共同富裕的促进多作贡献；要培育大型农产品商贸流通企业，建立产地直采体系，推动流通企业与家庭农场、合作社等农业生产主体深度合作，强化农业产业链综合服务能力。

2. 推动中小商贸流通企业专业化发展

我国商贸流通主体众多，是活跃市场的重要组成部分，也是保就业的支撑力量。近年来，传统的中小商贸流通主体愈加不适应互联网背景下的现代流通方式，竞争力不足的问题凸显，我们需要着力引导中小商贸流通主体向专业化、特色化、便民化等方向发展。具体而言，要支持大型商贸流通平台企业营造发展生态，为中小企业、个体经营者提供持续经营平台，提高其专业化服务能力；要鼓励中小商贸流通主体深耕特色优势和便民商贸等领域，提升其特色化、便民化服务能力；要支持具备老字号、非物质文化遗产、地方特色产品等资源的商贸企业扩大消费市场、提升产品价值，使其快速融入现代流通体系。

5.2.7 提升现代商贸流通体系治理能力

1. 建立现代商贸流通治理架构

现代商贸流通体系涵盖多个行业，企业主体类型和数量众多，涉及多部门，需要建立合理的现代商贸流通治理架构，推动形成治理合力。具体而言，要推动商贸流通在现代流通体系架构下发展，落实发改部门的统领作用，在现代流通战略支点城市建设、跨部门跨领域协调上发挥更大作用，研究推进商贸商业领域与制造业农业深度融合发展的路径和办法；要推动商贸流通领域各项重大举措等加快落地实施，发挥商务部门在国际消费中心城市建设、示范步行街建设、老字号保护发展、内外贸一体化等方面的支持引导作用，加强农业、商务、邮政部门在农产品流通、农村末端流通网点建设等方面的协调合作。

2. 优化现代商贸流通协同治理机制

当前，需要进一步优化现代商贸流通协同治理机制。具体而言，国家部委应及时更新、发布和解读领域内公开政策，尤其应加强部委间政策的协同，推动召开商贸流通领域多部委政策解读发布会，向社会和企业主体宣传好领域内政策和支持方向；地方政府应针对国家各部门公开的政策，结合省（区、市）级配套政策，进行系统梳理，加强政策对接，为企业获得各级政策支持提供服务。

5.3 加快发展现代物流体系

5.3.1 构建重大物流设施网络

1. 整合建设顶层物流枢纽设施

具体而言，有以下几方面措施：

（1）适应现代流通网络化发展的趋势和特点，以存量设施为基础，以整合资源为主要路径，加快建设我国顶层物流枢纽设施，依据《国家物流枢纽布局和建设规划》《"十四五"冷链物流发展规则》等，着力推进国家物流枢纽、国家骨干冷链物流基地等设施布局建设。

（2）顺应大循环、双循环格局下流通空间与流向结构发展，补齐落后地区重大枢纽设施能力短板，完善东、中、西区域均衡发展空间布局，全面提高流通组织化的中枢组织能力。

（3）提高区域内要素集中度，加强重大枢纽设施"干支配仓"服务功能建设，加快枢纽间的对接，实现干线物流通道运行组网，提升枢纽对本区域的物流分拨配送等辐射能力，支撑跨区域、城市群、都市圈、城乡流通组织服务需求。

（4）依托重大枢纽物流设施的要素集聚环境，集成各类资金流、信息流，支持商贸渠道、金融结算等服务与物流服务融合，提升枢纽的综合性流通服务能力。

2. 分类分层完善物流设施体系

具体而言，有以下几方面措施：

（1）适应生产生活流通物流组织的全过程特点，加快完善其他层级和类型的物流设施，并强化与顶层物流枢纽设施的运作联动，形成我国物流设施体系。

（2）围绕各地产业集聚区和生活消费集中地，加快布局就近服务生产组织和商贸流通的各类物流园区、物流中心，提高服务生产生活的物流组织集中度。

（3）围绕末端物流需求，加快推进多层级的配送中心、配送网点建设，提高流通面向消费的全过程网络设施支撑能力，提升末端送达水平。

（4）加强设施的专业化分类推进，推动大宗商品、工业品、消费品、生鲜食品等不同服务功能设施建设。

3. 推动物流设施重大工程建设

具体而言，有以下几方面措施：

（1）加快推进国家物流枢纽布局建设，重点补齐有关联运设施、国际服务设施、供应链集成设施能力短板，发挥国家物流枢纽联盟作用，促进枢纽业务协同、政策协调、运行协作。

（2）加快推进国家骨干冷链物流基地建设，提高冷链物流规模运作能力和专业化通道运行组织能力。

（3）发挥示范物流园区带动效应，加快完善各类物流园区、物流中心、冷链集配中心布局，提高物流网络化组织支撑能力。

（4）推进重大枢纽"干支配仓"运行平台建设。

（5）以国家物流枢纽为核心载体，提高信息平台服务能力和功能，密切联系国家物流枢纽邻近区域的物流园区、运输枢纽、配送中心、仓储基地等物流设施，集聚干线、支线、配送等物流运输服务资源，打造物流服务要素高度集聚、物流运作辐射网络强大、优势互补、业务协同、利益共享的合作发展平台和统筹运作平台，支撑形成高效物流网络体系。

5.3.2 完善现代物流运行体系

1. 推动骨干通道组网运行

我国东中西、南北全域参与国内国际经济循环的新发展格局正在加速形成，具有规模的跨区域和国际进出双向干线运输与物流需求也在不断提升，这就要求我们加快运输、物流运作资源向特定通道的规模集聚，通过密切国家物流枢纽等重大物流设施间的通道业务联系，构建全面覆盖、多点串接、直达运行、服务稳定的骨干物流通道网，以有效支撑新发展格局的构建。

（1）重点围绕我国十纵十横交通大通道，突出重要经济走廊通道服务能力建设，构建连接东中西、贯通南北的国家物流通道网络，强化大循环支撑能力，增强枢纽节点国际服务功能，整体构建国际国内相衔接的通道网络。

（2）对接国家重大战略，加快提升长江黄金水道、西部陆海新通道等关键通道物流服务能力。

（3）适应现代产业组织需要，加快补齐航空物流通道网络、高铁货运通道网络短板。

（4）加强骨干物流通道与区域辐射网络衔接，提高物流大通道集成化与规模化组织水平，增强通道带动区域经济发展的能力。

2. 构建区域辐射网络

在构建国家骨干物流通道网络的同时，必须织密支撑大通道运行的支线网络，强化全域经济带动能力和区域融合发展能力。

（1）重点以国家物流枢纽等核心设施为载体，密切中心城市与周边城市之间的支线联系，为大通道集聚物流服务资源、开展规模化运作提供支持，为缺乏物流大通道联系的周边城市利用大通道创造条件。

（2）加快中心城市支线成网步伐，构建以中心城市为中心的城市群、都市圈物流支线网络，营造依托物流大通道跨区域辐射的产业布局发展环境，尤其是重视中西部中心城市的支线网络建设，为布局发展规模产业奠定坚实基础。

（3）积极强化干支线与末端配送的衔接，积极引导区域分拨、城市配送系统布局建设，依托国家物流枢纽的运输组织服务环境，密切末端配送与物流通道的联系，创新城乡配送低成本发展模式。

（4）强化区域分拨与城市配送之间的运行联系，形成分拨配送紧密衔接的配送服务网络，营造干支线支撑配送高效发展的格局。

5.3.3 提高国际物流服务能力

1. 加快国际物流网络建设

（1）在国内通道网络建设的基础上，积极向外延伸，构建国际物流通道网络，强化国内国际网络一体化运行。

（2）梳理我国产业发展的境内外资源、产能、市场结构，重点突出我国产业运行的海外战略性资源来源方向、产业的海外合作基地布局方向、产业辐射的重要国际市场方向等，引导企业加快国际物流通道网络建设。

（3）加快补齐国际航空物流通道短板，面向产业高端化发展和消费升级需要，鼓励航空物流企业与机场共同打造航空物流枢纽，发展"轴辐式"航空货运组织模式，构建畅通周边国家、辐射全球的航空物流网络。

（4）拓展内陆国际联运通道，推动中欧班列等安全、稳定、高质量发展，优化班列开行方案，提高班列密度，提升境内外节点对接水平，推动进出均衡和市场化开行。

（5）加强内陆地区对接沿海港口国际联运通道建设，重点强化西部陆海新通道等通道组织能力，促进中西部地区双向开放发展。

（6）进一步依托沿海主要港口，拓展国际海运航线网络，增强金融、贸易等附加功能，强化海上通道与产业链供应链的融合，提高通道网络发展效能。

2. 提升国际物流组织节点能力

（1）依托国家物流枢纽、重要交通枢纽等关键物流设施，集聚国际物流服务要素，强化枢纽国际物流服务功能，打造具有战略支点作用的国际化沿海港口物流枢纽、航空物流枢纽、内陆物流枢纽和陆上边境枢纽，形成各类型、各方向的国际物流通道运营组织中心。

（2）发挥枢纽在国际物流通道服务中的前沿口岸组织规模集成效应，结合"新基建"，强化境内外国际物流信息互联互通与平台化集成，开展国际、国内一体的物流通道网络资源整体调度，加速推进国际物流活动设施、装备、管理、信息等的标准化对接，形成高品质的国际物流通道服务产品，提升国际物流辐射能级，增强国际物流通道组织的始发性与策源性。

3. 推动国际物流高效运行

（1）着力提升口岸服务能力，加快优化口岸空间布局，强化口岸通关、转运、换装、查验、信息等基础设施配套，增强港口、机场、陆上边境口岸和内陆口岸等服务能力。

（2）深入推进通关改革，加强国际贸易"单一窗口"建设，实现一点接入、共享共用、免费申报，实现口岸通关一体化，优化通关检验检疫流程，提高通关效率。

（3）推进跨境运输便利化，加强与周边国家在国际道路运输、国际铁路联运、国际班轮航线、国际航空航线等方面的相互对接，推进铁路等跨境运输标准与规范的协调，加强国际运输规则衔接，推动国际货物"一站式"运输。

4. 防范国际物流运行风险

（1）在坚定不移地推进开放发展、强化国际合作的同时，应重点关注近年来的逆全球化发展风险，特别是新冠疫情带来的有关国际产业布局调整和国际治理体系发展动向，充分关注其对我国国际供应链的安全影响，积极消除可能存在的风险。

（2）梳理我国关键国际资源战略性物流通道方向、能力、规模，谋划可替代性国际通道能力建设，强化国内矿产品、粮食等大宗物资产销区物流通道能力储备，结合国内替代性产能布局潜力，做好国内经济体系循环组织结构优化预案。

（3）引导企业做好重要国家层面的战略商品国际需求与供给预判，利用好市场上各类供应链物流平台和公共仓储能力，引导有关企业对关键物资、战略物资和重要上游产品适度提高安全储备标准，在供应链安全保障上拉长时间、拓宽空间，补齐国际供应链短板，增强我国供应链运行的韧性。

5.3.4 提升专业物流发展水平

1. 提升冷链物流服务水平

（1）针对生鲜农产品、食品、药品流通等领域冷链物流需要，加快完善冷链设施网络布局,提高顶层冷链物流设施能力,补齐末端冷链设施短板,推进骨干冷链物流基地、冷链集配中心、冷链末端网点等设施体系建设。

(2)依托三级冷链物流设施,加快完善产地、销地冷链物流运行网络,强化骨干冷链物流基地间的业务联系,提高国内产地、销地间的冷链骨干通道能力,推动产地冷链设施、城市销地冷链设施与骨干基地建立稳定、高效的业务运行网络,提高冷链物流全链条运行效率。

(3)加快结合不同品类冷链商品服务需要,构建专业化服务系统,提高冷链服务质量。

(4)加快冷链物流智慧化、绿色化发展,推进冷链物流与现代农业、商贸业融合发展,发展冷链共同配送、"生鲜电商+冷链宅配"等新模式,提高冷链物流发展效能。

(5)加大冷链物流全流程监管力度,消除"断链"隐患,减少生鲜农产品流通领域损耗,保障食品安全。

2. 提升多式联运发展水平

(1)依托重大物流枢纽,深入营造规模化、网络化运输组织环境,增强干线运输规模集成能力,强化分拨辐射网络建设,加快推动形成干支衔接的网络化运输结构。

(2)在干支衔接的网络化运输结构下,优化运输方式间的衔接组织,创新低成本、高效率的点对点一体化服务产品,促进铁路、水路等干线运输方式发挥经济性优势,提高航空干线运输方式快速性优势,强化市场选择,构建适应不同流通需求的合理的运输方式结构。

(3)优化多式联运组织环境,依托各类衔接枢纽,强化铁路专用线、公路集疏运等设施能力,推动联运转运设施、场站合理布局和建设,夯实多式联运基础条件。

(4)打造枢纽"干支流"要素集聚和服务对接平台,强化信息互联互通,加强不同设施、设备、管理等标准的衔接与协调,推广应用集装箱、标准化托盘等公共载具,促进不同运输方式资源高效、便利对接,提高联运组织要素支撑水平。

（5）创新多式联运组织模式，按照水、铁、公、空运输不同组合的衔接特点，优化不同方式联运组织业务操作流程，深入推进集装箱多式联运，积极推广甩挂运输，探索发展驮背运输等联运组织方式，提高多式联运组织效率。

（6）鼓励各类物流企业拓展传统业务模式，精准对接生产流通产业组织需求，按照供应链整体协同流程，以物流运输多环节组织成本效率优化为目标，整合对接各类运输、场站资源，提供全程服务，培育多式联运经营主体。

（7）完善无车承运人等管理措施，积极推广多式联运一单制，鼓励多式联运经营人创新各类一体化联运服务产品，支持嵌入供应链，延伸金融、信息等服务功能，提高联运主体市场服务竞争力和价值创造能力，营造鼓励多式联运经营人发展的良好的市场机制和环境。

3. 提升应急物流发展水平

（1）加快建设设施完备、储备充足、运转高效的应急物流体系。

（2）着力完善应急物流设施，充分利用重大物流枢纽设施的各类功能性要素集聚条件，嵌入应急功能，加快推动专业化应急物资储备、应急运输转运等设施的同步、集中建设，形成专业储备、市场储备、运输资源、场站资源高度集聚的空间格局，利用物流枢纽的全国性物流通道和区域辐射网络服务条件，增强多节点、多通道网络化的联合保障能力，实现应急物资的跨区域快速调运、区域内有效分拨和配送落地，增强应急物流的整体性和韧性。

（3）完善平急结合的应急物资储备，系统、科学、合理地确定物资储备品类、规模、结构，重点加强粮食、医疗用品、能源、抢险救援等物资储备。

（4）统筹考虑重点物资需求、产能空间分布，优化应急物资储备布局，重点建设、完善一批综合应急物资储备库，打造层次分明、类型合理、协同高效的应急物资储备节点网络，确保其能有效覆盖国土空间。

（5）针对各类应急储备物资特性，建立与市场高效衔接的轮换机制，确保储备物资常储常新，提高应急物资储备全周期的经济效能。

（6）提高应急物流能力，建立以企业为主体的应急物流队伍，完善物流企业"平急转换"机制，强化跨区域、跨领域应急物流协调组织，提升应急物流资源统筹调用能力。

（7）分级、分类建立应急物流预案及响应机制，细化物流资源投入结构、运行组织方式等，明确分工与协作职责，适时开展应急演练，确保预案科学实用。

（8）健全应急物流运转保障机制，引导建立应急物流大数据平台，推动与应急管理信息平台数据共享，完善信息采集、动态监测、数据分析、风险预警、信息发布等功能，重点加强对物流大面积中断风险的研究评估，提高应急物流组织能力。

4. 提升航空物流发展水平

（1）统筹空港型国家物流枢纽建设，加快培育航空物流枢纽，统筹推进货运机场布局建设。

（2）提高国际航空物流要素集聚水平，充分利用各类航班腹舱运力、全货机能力等，增强航空网络组织能力，优化国内航线设置，织密国际航线，提高航空物流网络组织和覆盖水平。

（3）深化航空运输、航空快递等各类企业合作，加速资源整合，培育专业化国际航空物流龙头企业，建设强大的航空货运机队，提高国际航空物流服务保障能力。

（4）鼓励航空龙头企业与空港型国家物流枢纽融合发展，打造一体运作的航空物流运营平台，开展国际国内一体的航空网络资源配置，培育高品质国际物流通道服务产品。

5. 提升高铁物流发展水平

（1）统筹高铁与普铁货运设施，强化与国家重大物流设施空间对接与运作协同，优化布局，推动高铁货运枢纽设施建设，支持各类高铁场站货运功能嵌入与设施改造，完善高铁货运设施网络。

（2）完善高铁快递、电商等专业场站建设标准，完善有利于高铁货运与存储、分拨、配送等环节高效衔接的设施建设。

（3）以高铁货运枢纽为核心，以其他货运设施为支撑，发展多种形式的高铁货运，构建不同模式的高铁货运网络。

（4）结合高铁车辆装备改造，推进发展整车货运，发展重大节点之间的高铁货运班列等网络，提高服务效率；依托加挂高铁货运车厢、货运柜等，优化业务流程，加强高铁运输客货兼顾能力，构建多点覆盖、灵活组织的高铁货运服务网络，满足个性需求。

（5）加强高铁货运对接电商、快递需求的能力，强化集成组织，提供公共化货运服务产品。

（6）围绕电商、快递的区域辐射需求，提高高铁干线对接公路运输服务网络的水平，提升一体化服务能力。

（7）引导快递、电商等参与高铁货运枢纽建设与货运设施改造，就近或一体化布局电商、快递分拨与配送中心，推动高铁货运服务功能与快递、电商组织服务功能融合发展。

5.3.5 创新发展现代物流经济

1. 发展物流枢纽经济

发展物流枢纽经济，应以聚流、引流、驻流和扩散辐射为手段，优化区域经济要素的时空配置，重塑我国经济产业布局空间和组织格局，全面提升经济运行质量、效率。

（1）依托我国物流服务网络，汇聚全球要素，提升要素供给质量和配置效率，促进要素供给的结构性转换，实现供给端要素整体优化，形成具有比较优势的要素供给新体系，催生产业发展新动能。

（2）鼓励城市依托重要物流枢纽，发挥区位优势和资源要素优势，主动推动国际国内区域物流服务要素和产业要素集聚，积极发展具有物流、产业双规模效应的物流枢纽经济，打造城市经济新增长极，培育城市经济新增长点。

2. 发展物流通道经济

（1）以"通道+枢纽+网络"的现代物流体系建设为牵引，加快物流服务运作资源向物流通道集聚，密切通道沿线经济产业联系，打造经济和产业发展走廊，推动区域经济密切合作基础上的通道经济发展。

（2）鼓励沿物流通道布局建设物流要素集聚能力强的物流枢纽设施，引导通道运输、物流服务运行的系统建设，提高通道物流运行规模化水平，努力降低通道物流成本。

（3）培育服务通道经济发展的供应链组织系统，打造供应链运营中心和服务平台，形成通道经济发展新格局。

（4）统筹国内国际物流大通道，加快提升长江经济带、西部陆海新通道、丝绸之路经济带、21世纪海上丝绸之路等国际化大通道资源整合能力，打造国际化区域通道经济走廊。

3. 加快推进国家物流枢纽经济示范区建设

我们应着力引导各地优化产业布局，强化物流与区域经济融合，以不同类型国家物流枢纽功能为特色，以通道网络为支撑，以各关联企业与枢纽互动扩张发展为主要形态，加快建设国家物流枢纽经济示范区，以提高物流支撑、引领经济发展的效能。

5.3.6 夯实物流发展基础支撑

1. 加快培育物流企业

（1）积极创造公平竞争的良好市场环境，促进企业创新和转型发展。

（2）着力引导物流企业用好以现代信息技术为代表的新一轮技术革命条件，深入推进大数据、云计算、人工智能等技术应用，强化技术创新能力，提高企业竞争力。

（3）加快企业网络化经营转型，加强金融支持和监管服务引导，支持骨干物流企业通过兼并重组、联盟合作等方式进行资源整合，优化网络布局，提高网络业务能力，加强功能融合，提高综合服务水平，形成以网络为基础的规模扩张发展格局，培育龙头物流企业。

（4）加快提高物流企业专业化经营水平，做精做专运输、仓储等专业服务，结合各类供应链组织特征，提高物流企业在不同领域的服务水平。

（5）以"通道+枢纽+网络"运行体系为基础，发挥国家物流枢纽"干支配仓"平台和大型企业的业务整合能力，推动不同专业化功能企业深化合作，构建大中小企业融合发展生态。

2. 完善物流标准

在各行业分别发展的基础上，我国物流在基础设施、载运工具、单证体系、行业管理、企业管理等方面形成了不同的标准体系，不少标准之间存在难以衔接的情况，影响了物流的整体效率发挥。我们应强化标准治理，完善标准体系。一方面，要创造标准形成的发展环境，以"干支配仓"的整体协同，以及网络化的区域协同，营造规模发展业务结构，促进标准在市场运行中围绕效率与企业效益不断磨合、统一生成。另一方面，要依据市场标准的形成进程，在科学研究的基础上，着力推进国家标准、行业标准的统一制定与实施，灵活安排标准强制推进的时间阶段，保障市场主体利益。

3. 优化物流统计体系

物流统计体系不仅为物流本身的科学发展提供了分析基础和方向引领，还因为物流与经济运行的基本关系，成为分析经济发展趋势，进行宏观经济发展决策的重要基础，例如，PMI 已经成为经济发展的"晴雨表"。我们应进一步完善现代物流统计制度，研究完善能够反映物流重点领域、重点环节发展情况的监测指标体系，加大对物流统计体系建设的支持力度，利用大数据技术提高监测分析能力，为政府决策、企业经营提供支撑，以更好地促进物流业科学发展。

4. 建立物流诚信体系

现代物流是产业联系、发展循环的重要环节，对诚信水平要求较高，不仅关系物流业自身的发展，还关系要素流转、产业循环等经济发展成本，建立物流诚信体系，完善奖惩制度，引导诚信经营，既是物流领域进一步规范发展的重要内容，也是营造经济发展环境的重要工作。我们应充分利用实时定位跟踪、大数据等技术条件，科学开展诚信体系建设，全面评价企业信用水平；应完善守信激励和失信惩戒措施，约束企业诚信经营行为，优化物流行业的信用整体水平，降低经济运行的要素交易成本，支持物流领域和经济运行健康发展。

5. 培养一流物流人才

各类人才是行业发展的先决条件，物流领域尤其需要高质量的人才来支持创新发展。我们应深化人才培养的体系建设，加强对不同层次、不同方向物流人才的培养，充分利用物流行业组织和科研院校资源，深化学科领域建设，注重物流与产业融合发展所需的复合型人才培养，打造政产学研用相结合的公共研发和科研服务平台，全面提升物流业科技研发能力、成果转化能力；应丰富人才培养方式，采取专业培训、岗位实训、资格考试等多种形式，培养和选拔一批掌握现代物流技术、熟悉物流管理业务的多层次国际一流专业人才；应营造尊重物流人才、尊重物流研究成果的发展环境，为物流人才培养提供内在动力。

5.3.7 推进物流领域重大改革

1. 完善体制机制

（1）落实物流领域供给侧结构性改革主线要求，加强物流与商贸、制造、交通运输、信息、金融、海关等在政府管理部门之间的有效联动，加强规划、管理、政策、标准等领域的对接与协同，增强物流与经济系统的统筹发展能力，提高物流对经济产业发展的适配性。

（2）强化跨区域和区域内物流协同机制建设，在沟通东中西、南北方的新亚欧大陆桥、长江经济带、黄河生态经济带、西部陆海新通道等物流通道沿线，构建区域物流管理和对接协同机制，深化政策、管理等协商；围绕重要城市群、都市圈，建立发展协同机制，统筹物流规划衔接，协同推进重大枢纽设施布局建设，差异化推进物流功能发展。

2. 加快重点领域改革

（1）深化物流领域"放管服"改革，放宽物流相关市场准入限制，推进"一照多址"改革，支持和引导物流网络化布局。

（2）深化物流降本增效综合改革试点工作，推广一批可复制的降本增效举措，进一步降低社会物流成本。

（3）创新政府监管机制，推动跨部门、跨区域、跨层级政务信息开放共享，建立物流领域数据开放清单，制定物流领域全国统一的监管执法标准和处罚清单。

（4）推进物流领域混合所有制改革，推动国有资本布局调整，研究扩大特定领域社会资本进入，发挥国有资本和社会资本的不同优势，盘活国有企业铁路专用线、码头、仓库、车辆车队等存量物流资产，提高发展综合竞争力。

（5）深化铁路货运市场改革，以适应现代供应链服务为导向，鼓励铁路市场主体多元化和服务创新，鼓励物流全程一体化服务创新。

（6）进一步落实全国通关一体化，优化通关流程，依托电子口岸，提高口岸智能管理和服务水平，实施部门间安检互认，提升通关效率。

3. 引导要素合理配置

（1）促进区域资源优化配置，适应中西部、东北等区域的内需潜力与市场挖掘需要，完善国家有关物流领域投融资管理政策，营造各类市场主体向中西部、东北区域开展网络布局的有关政策环境，引导市场资源向有关地区差异化布局，促进区域物流资源均衡布局。

（2）引导集约化、规模化发展，围绕物流规模经济效应发挥，强化对重大物流基础设施的投入支持，完善依托重大物流设施、引导物流资源集中布局和运作的有关支持和引导政策，鼓励重大物流基础设施承载城市优化土地、资金、行业管理政策，整合城市及区域物流资源，引导要素空间集聚发展，提高物流组织化水平。

（3）支持加快补齐物流短板，加大对国际航空物流发展的支持，优化金融协调政策，鼓励市场主体深度融合，培育具有国际竞争力的航空物流企业，打造要素集聚水平高的航空物流枢纽。

（4）优先补齐专业化应急物流设施短板，推动各类物流设施嵌入应急服务功能，加快构建应急物流体系。

4. 完善国际合作机制

（1）围绕西部陆海新通道等国际物流通道，加强与相关国家在海关信息互换、监管互认、检验检疫等方面的合作，提高国际物流运行效率。

（2）加强国际运输和贸易规则合作，推广国际铁路运单物权凭证功能，完善交货条款和贸易术语，逐步建立适应国际铁路联运特点的陆路贸易规则体系，推动配套法律法规完善，加强与国内外银行、保险等金融机构合作，开展国际贸易结算融资业务。

（3）优化国际海运贸易结算规则使用方式，在海运定价、贸易规则等方面争取主动，延长国际贸易价值链，提高控制力和安全性。

5.4 增强交通运输流通承载能力

5.4.1 强化干线运输通道货运能力和功能

1. 强化干线运输通道流通战略牵引和货运支撑能力

（1）以提升交通网络对国内需求和国际要素资源吸引流转的适配性为重点，提升沿海、沿江等通道能力，加强通道范围内未建成交通线路建设，推进国家干线铁路建设，打通主干公路"断头路"，高效联通京津冀、长三角、粤港澳大湾区、成渝地区双城经济圈和东北地区，实现我国重大战略区域间的循环畅通。

（2）加强西部陆海新通道等骨干运输通道的能力建设，强化国内综合运输通道与周边国家的互联互通水平等，促进国内国际市场循环畅通。

（3）以普速铁路、普通国（省）道、港口航道、油气管道、通用机场等为主体，加快构建、完善运行效率高、服务能力强、通达程度深的干线运输通道集疏运网络。

2. 完善或优化干线运输通道货运功能、结构

（1）增强对强大国内市场建设和中西部地区产业布局的支撑能力，优化干线运输通道资源配置和功能结构，增强铁路运输骨干作用，降低公路运输成本，提升航道等级水平，优化机场布局，推进管道建设，充分发挥通道内各种运输方式的技术经济优势，合理利用有限资源。

（2）加强干线运输通道物流枢纽建设，将具有长距离运输需求的货源向若干节点集聚，利用干线铁路沿主要方向开展点对点运输，利用公路和铁路支线、专用线等开展节点货物的快速集散，构建跨区域通道化、区域内网络化的运输组织新格局。

（3）围绕国内大市场建设和大循环、双循环联动，依托大能力、专业化干线运输通道，培育通道经济、枢纽经济等融合新业态，发挥运输通道在促进要素跨区域流转、拓展国际国内发展空间等方面的重要作用。

3. 战略性布局专业化货运通道

（1）充分考虑现代农业生产布局、重点工业布局、现代服务业集聚发展布局，围绕煤炭、油品、矿石、粮食、棉花等大宗物资区域间的循环流转，打造高效连接资源地、生产地、消费地的大能力专业化快速货运通道，有序推进重载铁路、重载公路等建设。

（2）精准对接现代化经济体系建设下的生产力布局优化，围绕电子、家电、服装等加工品、半成品等适箱货类，打造精准串联生产地、加工地、消费地等的快速化、多样化、专业化货运通道，特别是集装箱运输通道，整体谋划双层集装箱铁路通道布局。

（3）加强国家专业航空货运网络建设，引导区域机场特色化功能发展。

（4）研究谋划铁路（高铁）快运布局与发展，有序推进高速铁路设施适货化改造。

5.4.2 提升城市群都市圈货运交通支撑水平

1. 加强城市群货运交通建设

（1）以提升城市群产业升级、区域分工和国际合作水平，培育区域重要增长极为目标，建设专业化城际货运网，重点完善京津冀、长三角、粤港澳大湾区等城市群综合交通网络，加快城市群国家干线铁路建设，在具备条件的区域围绕重点线路实施铁路双层集装箱设施改造。

（2）增加城市群城际公路货运通道，密切城际公路联系，加快构建高速公路、国省干线、县乡公路等多层次公路货运网络，着力打通城际公路"断头路"，提升城市群路网联通程度，加快推进"瓶颈路"提级改造，重点推进国家高速公路扩容，提升城际公路货运通行能力。

（3）强化城市群枢纽机场与周边干线、支线机场协调联动，加强港口规划与建设协调，打造京津冀、长三角、粤港澳大湾区世界级机场群和港口群。

2. 织密都市圈货运交通网络

（1）推动北京、上海、广州、深圳、重庆、武汉等重点都市圈货运交通网络化发展，强化对都市圈流通体系建设的支撑能力。

（2）统筹考虑都市圈轨道交通网络布局，因地制宜发展园区铁路货运支线，研究推进都市圈专业货运轨道系统建设。

（3）提升都市圈公路通行能力，针对重要枢纽、园区和城市繁忙拥堵路段，研究推进货运专用公路和专用车道布局建设。

（4）统筹都市圈空间结构、人口分布和产业布局，构建与都市圈国土空间和产业分布相吻合、有效支撑都市圈现代化产业经济高质量发展和国民经济循环畅通的多层次货运枢纽体系，推进联通区域、衔接城际、服务城市等不同层次货运枢纽的"多级协同"发展，促进都市圈各种运输方式高效衔接。

（5）依托都市圈良好的电商、快递产业基础，积极发展全货机、支线航空货运。

3. 建设城市快速货运交通网

（1）以有效拓展城市发展空间为目的，加强内外交通衔接，织密中心城市及各组团城市间的快速货运交通网络。

（2）适应城市配送"多品种、小批量、多批次、短周期"的特点，加快完善布局合理、运行高效的城市货运网络，完善主要商业区、社区等末端配送节点，推动城市中心铁路货场转型升级为现代城市配送中心。

（3）结合高速铁路建设和干线铁路扩能改造，推进中心城市铁路客货分线，研究重点中心城市地下物流系统和空中轨道货运系统建设。

（4）构建快速路与主干路相互配合、一体衔接的城市快速货运交通网络，形成对城市经济发展的强力支撑和对经济地理空间的有序引导。

（5）强化中心城市与周边城镇等货运交通的一体化发展，因地制宜优化、完善县域货运交通网络功能。

5.4.3 完善城乡融合货运交通基础网络

1. 完善城乡货运交通网络一体衔接

（1）围绕新型城镇化发展和农业农村现代化，统筹农村地区和城镇地区货运交通网络规划、布局、建设，加快构建覆盖城乡的专业化货运体系。

（2）加强城市道路与干线公路、农村公路的有效衔接，在城市周边布局建设公共货运场站，加强城市货运网络对县城、乡村的有效覆盖。

（3）着力提升县城交通基础设施货运能力，推动县（市）既有交通基础设施提质升级和对外交通网络建设，推进县城交通与区域干线交通有效衔接。

（4）推进以乡镇、主要经济节点、重要货运枢纽等为中心的快速公路通道建设，补齐农村公路与高速公路、国省干线衔接短板，消除"断头路"，融入城镇整体路网体系。

（5）有序推进农村公路市政化改造，对具备条件的农村公路，逐步将其吸纳为城区路网的重要组成部分。

2. 加强农村交通货运设施建设

（1）推动串联乡村主要产业节点、资源开发地等的乡村产业路和资源路建设，逐步推进农村地区公路干线成网。

（2）织密农村地区内部循环畅通的货运交通基础网络，加快推进村内道路建设，加强通村畅乡、连田达园的农村公路建设，着力打通通村公路"断头路"和农村公路"最后一公里"。

（3）推进县、乡公路网和建制村道路网互联互通，实现有条件的地区连片成网，构建农村地区"内通外联、通乡到村"的货运网络体系。

（4）加强农村公路与铁路、航空等各类运输方式的衔接，促进农村地区与周边地区快速联通。

3. 加强农村货运枢纽站场等配套设施建设

加强农村货运枢纽站场等配套设施建设，应结合乡村振兴发展要求，加快构建新时代多种功能的农村货运枢纽，重点围绕农村地区产业集散地建设，合理布局货运枢纽场站，做好与重点农业生产基地和优势农产品产区产地市场、田头市场、新型生产经营主体（专业大户、家庭农场和农民合作社）、农资配送中心、邮政和快件处理中心的对接，扩大空间服务范围，提升流通服务能力，加强货运枢纽场站对产品集散的支撑能力，形成与农产品物流、集贸市场、批发市场以及超级市场联动发展的良好局面。

5.4.4　加强与国际国内货运网络的衔接

1. 推动国际货运交通互联互通

（1）加强国内国际双循环流通环节无缝衔接，推进国际铁路、公路、航道、管道等交通基础设施互联互通项目建设，提高国际通道货运承载能力，扩大国际联通范围。

（2）加速推进国际交通设施、装备、管理、信息等标准化衔接，加强铁路等设施换装能力建设，优化交通运输国际互联互通环境。

2. 提升口岸货运设施能力

（1）完善口岸转运、换装、查验等基础设施，推动通关便利化建设，完善国际物流设施，增强沿海口岸、航空口岸、陆上边境口岸货运服务能力，提高国际国内要素流通交换效率。

（2）加强口岸国际服务功能区建设，提高综合保税区、保税物流中心、保税仓库等服务能力，优化国际物流监管方式，促进国际流通模式创新，引导口岸地区提高经济要素集聚水平，培育高质量口岸枢纽经济。

5.4.5　推进交通基础设施智能绿色发展

1. 加速传统交通基础设施智能升级

（1）加快推动铁路、公路、港航、机场等既有交通基础设施数字化改造和网联化发展，推进综合交通运输网络5G覆盖，加强大数据、物联网、人工智能、区块链等技术的应用力度，加大北斗系统推广力度，逐步实现对产业园区、港口和高速公路出入口等重要节点的物流全程感知。

（2）基于5G、人工智能等开展智慧货运场站建设，推动既有货运枢纽、配送设施、快递设施、仓储设施等数字化、智能化升级改造，加强新一代智慧配送系统建设。

2. 加强新型交通基础设施建设

（1）有序推进智慧公路、智慧铁路建设，提升自动化、智能化物流作业水平，研究推进城市地下货运和城际空中货运系统建设。

（2）全面推动智能航运建设，打造智慧港口，鼓励大中型港口根据实际需要部署不同等级的自动化码头系统，推进港口港区泊位联动运营，提升港口装卸、转场、调度等作业效率。

（3）推进智慧机场建设，在有条件的地区开展航空电子货运试点，研究部署面向区域物流的大型无人机起降点。

（4）推进智慧交通运输平台工程建设。

3. 大力提升交通运输绿色低碳水平

大力提升交通运输绿色低碳水平，应持续推进交通运输领域使用清洁能源，加快布局充换电基础设施，促进电动汽车在公共交通、短途物流、港口和机场等领域的推广、普及，积极推进港口、船舶、机场廊桥岸电改造和使用，鼓励重载卡车、船舶使用 LNG 等清洁能源，开展氢燃料电池在汽车等领域的应用试点，降低交通运输领域碳排放水平。

5.4.6 培育统一开放的运输大市场

1. 建立高标准交通运输市场体系

（1）按照统一国内大市场高标准市场体系要求，构建高效规范、公平竞争的国内交通运输统一市场。

（2）强化与国际规则、标准等的精准对接，完善交通运输市场准入制度，优化营商环境。

（3）强化竞争性政策的基础性地位，重点推进铁路等竞争性环节市场化改革。

（4）更好地发挥价格杠杆的调节作用。

（5）建立健全涵盖交通运输工程建设、运输市场服务等交通运输全领域的信用体系。

（6）研究完善交通运输领域土地、劳动力、资本、技术、数据等要素市场运行机制和交易规则。

2. 深化重点领域管理体制改革

（1）建立公开透明、公平合理的铁路清算和分配规则，在有条件的地区推进城际铁路、市域（郊）铁路等网运分离试点。

（2）健全普通国（省）道、农村公路可持续发展长效机制。

（3）推进空域管理体制改革，加快开放低空空域，构建市场化导向的航线和时刻资源配置机制，有序推进航油航材市场化供应。

（4）探索跨行政区的交通一体化管理体制改革，构建省际市际战略决策、沟通协调、合作运行等机制。

（5）推动枢纽管理体制改革试点，形成多样化枢纽开发模式。

3. 培育壮大龙头交通运输企业

（1）加强骨干型、网络型、专业化运输企业及其他交通市场主体培育，打造一批具有国际影响力和竞争力的本土交通运输企业。

（2）充分激发各类交通运输市场主体活力，毫不动摇地巩固和发展交通运输公有制经济，毫不动摇地鼓励、支持、引导交通运输非公有制经济发展。

（3）创新社会参与交通运输决策方式，推动各类主体通过政府购买服务等渠道积极参与公共事务治理，提高人民群众参与度。

4. 建立符合现代化经济体系运行规律的交通运输宏观调控方式

（1）以国家发展规划为战略导向，完善国家综合交通运输规划体系，强化交通运输专项规划与国民经济各领域相关规划的衔接。

（2）更好地发挥政府作用，深化"放管服"改革，整合、优化监管职能。

（3）优化各级财政事权与支出责任，厘清交通运输领域中央与地方财政事权与支出责任。

（4）研究建立交通运输宏观治理数据库，提升大数据等现代技术手段的辅助治理能力。

5. 健全交通运输法律法规标准体系

（1）坚持依法治理，顺应现代化经济体系和现代综合交通运输发展，完善相关法规和标准体系，强化各类标准、规范、规则等的衔接、协调。

（2）重点完善基础设施、技术装备、运输组织服务等传统领域及新领域相关标准体系和服务指南体系。

（3）加强与国际组织事务合作，积极参与交通运输领域国际标准制定，提升国际竞争力和话语权。

5.5　加强现代流通的金融支撑

5.5.1　完善流通金融支付体系

1. 提升国内支付保障能力

第一，持续强化支付清算系统建设。围绕我国现代流通发展产生的庞大支付需求，特别是电子商务、社交电商等业态产生的瞬时大规模支付需求，根据支付结算体系的统一规划和发展方向，不断改进支付清算系统，提升支付结算系统业务服务能力、业务连续性和管理水平，维护系统安全稳定运行，保障资金正常流转，满足流通领域大规模、多样化的支付需求。

第二，丰富流通领域非现金支付工具体系。健全流通领域的非现金支付框架，形成以汇票、支票、本票和银行卡等非现金支付工具为主体，汇兑、电子银行、个人跨行转账、个人跨行通存通兑、定期借记、定期贷记等结算方式为补充的非现金支付工具体系，为流通提供更加高效、便捷、安全、灵活的支付清算服务，完善流通全环节、全行业支付配套设施，加快流通上中下游企业间、企业与消费者间的资金线上安全、高效流动。

第三，降低流通领域支付成本。一是完善城乡商业设施支付受理环境和服务水平，重点补齐农村地区流通支付基础设施短板，推动商圈、便利店、农贸市场等线下商户 POS 机具标准化改造升级，支持受理云闪付、微信支付等主流支付方式，大力推广移动支付和非现金支付，提高支付便捷性；二是引导支付平台、支付服务机构适当降低小微流通企业的支付手续费；三是在有效防范风险的前提下，加快区块链等新兴技术在电子票据、供应链综合支付服务等领域的数字化应用。

2. 推动跨境支付体系建设

第一，加快完善人民币跨境支付系统（CIPS）。一是建立以服务我国商品进出口、跨境电商发展为主的人民币跨境支付系统，对标国际先进实践，不断丰富、完善人民币跨境支付系统功能，支持跨境货物贸易和服务贸易结算、跨境直接投资、跨境融资和跨境个人汇款等业务，为国内国际商品双向流通提供支撑；二是完善人民币跨境支付系统有关国际法律、会计准则、国际规则，加强与国际规则、准则的对接，维护我国国际贸易和人民币跨境结算安全。

第二，拓宽人民币跨境支付系统使用范围。一是扩展境外人民币清算行安排，支持相关国家和地区金融机构以直接或间接参与方式接入CIPS，在安全可控的前提下，推动与境外金融基础设施互联互通，不断优化系统功能和服务，提高人民币清算结算效率；二是持续拓宽CIPS境外业务覆盖面，以更好地服务我国企业国际化发展，推动我国企业广泛参与全球采购、分销等供应链环节；三是加强跨境金融网络与信息服务监管，增强金融支持我国企业参与国际经济循环的能力；四是研究探索本外币合一银行结算账户体系建设，为流通企业提供优质账户服务。

5.5.2 规范发展供应链金融

1. 加强供应链金融基础设施建设

第一，加快完善供应链金融标准。一是系统梳理既有供应链金融相关标准、规范，逐步统一供应链金融数据采集和使用的相关标准、流程，确保数据流转安全合规，促进供应链金融规范化发展；二是研究制定供应链金融行业规范，推动相关技术标准建设和统计口径统一。

第二，加快人工智能、大数据、物联网等技术在供应链金融领域的应用，推动相关基础设施智能化、智慧化改造升级，为供应链金融线上化、场景化转变等提供技术支撑。

第三，拓展供应链票据平台功能。一是加强供应链票据平台的票据签发、流转、融资相关系统功能建设，加快推广与核心企业、金融机构、第三方科技公司供应链平台的互联互通，明确各类平台接入标准和流程规则，实现供应链信息与票据信息的匹配；二是加大应收账款融资服务平台推广应用力度，加快与政府采购系统等对接，为金融机构应收账款融资提供多维信息支撑。

第四，建立统一的动产和权利担保登记公示系统。一是在全国范围内加快实施动产和权利担保统一登记，推进动产融资统一登记公示系统数据化和要素标准化建设，逐步实现市场主体在一个平台上办理动产和权利担保登记；二是强化与中征应收账款融资服务平台的联动，支持金融机构通过接口方式批量办理查询和登记，提高登记公示办理效率。

2. 健全供应链金融运行机制

第一，提升供应链融资结算数字化水平。一是推进大数据、云计算、人工智能、区块链、5G等技术在供应链金融领域的广泛应用，开发更多的供应链金融应用场景；二是鼓励金融企业根据供应链服务企业的商流、信息流、电子票据，利用区块链等技术，开展电子交易结算和融资服务；三是在供应链交易信息清晰可视、现金流和风险可控的条件下，鼓励银行通过供应链上游企业融资试点的方式，开展线上贷前、贷中、贷后"三查"；四是支持探索使用电子签章在线签署合同，进行身份认证核查、远程视频签约验证。

第二，优化供应链金融监管机制。一是结合供应链金融特点，在风险可控的条件下，探索对供应链金融实施差异化监管；二是运用科技手段建立完善的数字化风控体系，强化交易真实性审核和全流程监控，防范虚增虚构应收账款、存货及重复抵质押行为；三是推动应收账款和存货等动产资源权属"应确尽确"，为中小企业应收账款融资提供便利；四是鼓励金融机构、核心企业、第三方机构加强信息协同和共享合作，提高信息透明度和金融服务效率。

3. 丰富供应链金融产品

第一，提供更多直达流通主体的金融产品。一是鼓励核心企业通过中征应收账款融资服务平台进行确权，支持金融机构与平台对接，规范发展供应链应收账款、存货、仓单和订单融资，提高供应链中小企业融资效率；二是引入债券市场资金，鼓励中小流通企业通过标准化票据融资，支持核心企业发债融资，用以支付上游企业款项；三是支持核心企业签发供应链票据，鼓励金融机构提供更加便利的供应链票据贴现融资，丰富营业中断险、仓单财产险等多种保险服务供给；四是建立核心企业票据融资信息共享制度，加强应收账款尽职调查、信息披露和风险防范，规范发展应收账款资产证券化、资产管理产品。

第二，创新供应链融资模式。一是鼓励金融机构按照市场化原则，在风险可控的前提下，结合新型消费领域相关企业经营特点，积极开发金融产品和服务；二是支持符合条件的流通企业通过发行新股、发行公司债券、"新三板"挂牌等方式融资；三是完善流通企业融资模式，推广知识产权质押融资，依法合规开展股权众筹融资试点；四是鼓励商贸市场、龙头电商平台等大型流通主体，在风险可控、合规的前提下，建立第三方供应链金融服务平台；五是支持发展创业投资基金、天使投资群体，引导社会资金和金融资本加大对流通创新领域的投资；六是鼓励银行等金融机构积极与应收账款融资服务平台对接，减少应收账款确权的时间和成本，推动中小微流通企业高效融资；七是推动央行贸易金融区块链平台在流通领域的应用，为流通企业融资提供支撑服务。

第三，拓展国际供应链金融服务。一是推动金融机构加快提升国际流通企业金融服务水平，充分利用境内外分支机构支持流通企业开拓多元化国际市场、出口产品转内销、加工贸易向中西部梯度转移等，支持出口企业与境外合作伙伴恢复商贸往来，通过提供买方信贷、出口应收账款融资、保单融资等方式支持出口企业接单履约，运用好出口信用保险，分担风险损失；二是用好外经贸发展专项资金，推动外贸稳中提质、创新发展；三是落实再贷款、再贴现等金融支持政策，加快贷款投放进度，引导金融机构增加外贸信贷投放，落实好贷款阶段性延期还本付息等政策，加大对中小微外贸企业的支持。

5.5.3 推进数字人民币应用

1. 建立完善数字人民币法律法规体系

一是加快《中华人民共和国中国人民银行法》修订完善，为推进数字人民币发行应用提供法律依据；二是针对数字人民币在商贸流通领域的各种应用场景，加快数字人民币交易结算规则、标准的制定，明确兑换流程和服务标准，确定交易各方的责任和权利边界，确保数字人民币在流通领域有序、高效使用。

2. 拓展流通领域数字人民币应用场景

一是鼓励电子商务平台优先使用数字人民币结算，进一步降低交易成本；二是利用数字人民币无中介、无网络支付优势，加快推动其在大型商超、商业街、连锁经营等线下商业的应用；三是推动数字人民币与数据商品生产、流通、定价、交易等各环节深度耦合，推动数据资源向数据商品转化，促进数字贸易发展；四是推动数字人民币在供应链领域应用，支持链主企业及上下游企业采用数字人民币交易，有效降低整条供应链的信用风险。

3. 研究建立流通领域数字人民币应用管理制度

一是围绕数字人民币在流通领域的应用场景，加快完善应用管理制度；二是研究制定针对数字人民币运营机构、流通企业、终端用户的管理制度，明确流通领域各方参与数字人民币应用的权责；三是加强对数字人民币运营机构的商业银行监管，确保数字人民币在流通领域场景拓展、系统开发、业务处理和运维等服务方面安全可靠。

5.5.4 优化流通领域金融软环境

1. 规范流通领域金融服务

一是积极对接国际贸易规则，推进流通领域跨境支付结算和供应链金融规范发展，提高银行、证券、期货、会计师事务所、律师事务所等金融服务类机构应用国际规则的能力，强化我国流通企业跨国经营保障；二是优化与新型消费相关的支付环境，规范网络交易平台收费行为，优化平台企业收费，降低流通交易成本。

2. 加强流通领域金融保障

一是建立健全流通领域保险、融资担保等配套机制，合理分散金融机构信贷风险；二是引导保险机构继续完善流通领域货物运输等保险服务，丰富对流通各环节的保险供给，为流通领域提供更精准的保险保障；三是建立流通领域融资项目库，梳理龙头流通企业、重点建设项目等金融需求，鼓励金融机构在依法合规、风险可控的前提下加大支持力度；四是发挥金融租赁等非银行金融机构的作用，加大对商贸、交通物流、农村流通等领域的金融支持力度。

3. 稳慎推动人民币国际化

一是以服务实体经济、促进贸易投资便利化为导向，强化制度建设，加强本外币政策协调，提升人民币跨境使用的便利性，支持企业在大宗商品进出口贸易、跨境电子商务等贸易新业态领域使用人民币计价结算，提高跨境贸易和投融资中人民币计价结算的使用占比；二是提高金融市场开放的广度和深度，便利境外机构配置人民币资产；三是加强国际金融合作，营造有利于人民币使用的外部环境。

5.6 强化现代流通的信用保障

5.6.1 加强重要产品追溯系统建设

1. 完善农产品食品追溯系统

一是围绕肉类、蔬菜、中药材等建立食用农产品质量安全全程追溯协作机制，以责任主体和流向管理为核心，以追溯码为载体，推动追溯管理与市场准入相衔接，实现食用农产品"从农田到餐桌"全过程追溯管理；二是围绕婴幼儿配方食品、肉制品、乳制品、食用植物油、白酒等食品，督促和指导生产经营企业依法建立质量安全追溯系统，切实落实质量安全主体责任，推动追溯链条向食品原料供应环节延伸，实行全产业链可追溯管理；三是进一步强化冷链食品追溯管理系统的疫情防控功能，以畜禽肉、水产品等为重点，实现重点冷链食品从海关进口查验到储存分销、生产加工、批发零售、餐饮服务全链条信息化追溯，完善人物同查、人物共防措施，建立问题产品快速、精准反应机制，严格管控疫情风险，维护公众身体健康。

2. 建立重要工业品追溯系统

一是有效发挥政府引导作用，切实强化企业主体责任，鼓励生产经营企业采集、记录生产、流通、消费等环节信息，建立重要工业品追溯系统，实现来源可查、去向可追、责任可究，强化全过程质量安全管理与风险控制；二是丰富应用场景，释放工业品追溯系统价值，推进追溯系统与检验检测系统、企业内部质量管理系统对接，打造严密的全过程质量安全管控链条；三是发挥追溯信息共享交换机制作用，创新质量安全和公共安全监管模式，探索实施产品全过程智能化"云监管"；四是充分挖掘追溯数据在企业质量信用评价中的应用价值，完善质量诚信自律机制；五是加强追溯大数据分析与成果应用，为经济调节和产业发展提供决策支持；六是在依法加强安全保障和商业秘密保护的前提下，逐步推动追溯数据资源向社会有序开放，鼓励商业化增值应用。

3. 加大追溯体系应用深度和广度

一是鼓励企业通过追溯体系改善生产经营管理，充分挖掘追溯数据在产品质量提升和品牌塑造中的应用价值，增强市场竞争力；二是鼓励追溯体系建设主体面向社会公众提供追溯信息查询服务，增强商业化增值应用，加强追溯数据安全保障和商业秘密保护；三是加大可追溯产品市场推广力度，调动大型流通企业、公共采购主体等主动选用的积极性，扩大可追溯产品消费规模。

5.6.2 完善流通企业信用综合评价

1. 完善第三方信用评价机制

一是引入具备相关从业资质的征信、评级等机构，使其参与流通领域信用体系建设工作，推动第三方信用服务机构在企业信用综合评价中发挥积极作用；二是创造条件，鼓励信用服务机构参与信用记录采集、红黑名单认定、特定领域备案、联合奖惩与失信专项治理等企业信用综合评价工作；三是鼓励各类市场主体在生产经营活动中广泛应用信用报告，在政府采购、招标投标、行政审批、市场准入、资质审核等事项中充分发挥信用服务机构出具的信用报告的作用；四是深入开展流通领域综合信用服务机构试点，支持入围机构在重点领域和广泛区域创新信用服务产品，拓展信用服务场景，提高服务质量；五是加强信用服务机构自身信用建设，鼓励机构建立诚信为本的行为准则，加强从业人员信用建设，率先开展信用承诺并对外公示；六是推动征信、信用评级、信用保险、信用担保、履约担保、信用管理咨询及培训等信用服务发展。

2. 建立企业信用综合评价体系

一是推动建立以国家公共信用综合评价为主体，以地方信用评价、行业信用评价、市场化信用评价为支撑的流通领域市场主体综合评价体系；二是强化国家公共信用综合评价基础性地位，推动相关部门将评价结果作为各行业、各领域开展分级分类监管的基础性依据；三是鼓励地方和行业管理部门结合本地区经济社会发展实际和市场监管重点难点问题，在国家公共信用综合评价基础上，依托本地区和特定行业更丰富的信用数据，开展更加精准的公共信用综合评价；四是积极创造条件，支持第三方信用服务机构开展形式多样的市场化信用评价，以大数据为支撑进行精准的"信用画像"，为金融信贷、招标投标、商务合作等市场活动提供信用服务，鼓励地方政府有关部门通过政府采购等方式引入第三方信用服务机构参与公共信用综合评价。

5.6.3 推进流通信用信息归集共享

1. 推进流通领域信用信息系统建设

一是进一步完善全国商务信用信息交互共享枢纽的商贸信用信息记录、披露等功能，建立覆盖各类商贸市场主体的数字化信用档案；二是依托交通运输部、省两级信用信息系统平台，建立货物运输行业信用信息征集和查询系统，完善登录、查询等功能；三是鼓励社会信用服务机构和行业协会建设全国物流信用信息系统，加强信用记录建设，形成覆盖物流业所有法人单位和个体经营者的信用信息档案；四是进一步健全国家企业信用信息公示系统的流通领域市场主体信用信息填报、公示和查询功能，形成覆盖市场监管各业务条线的涉企信息公示"全国一张网"；五是推进商贸、货物运输、物流、市场监管等信用信息系统与全国信用信息共享平台互联互通，发挥全国信用信息共享平台和国家"互联网+监管"系统的信息归集、共享作用，将流通领域市场主体基础信息、执法监管和处置信息、失信联合惩戒信息等与相关部门业务系统按需共享，在信用监管等过程中加以应用。

2. 建立公共信用信息与金融信息共享整合机制

一是按照"简单、透明、最小够用"原则，建立以全国信用信息共享平台为中介，以商务、交通运输、物流等信用信息系统和金融信用信息基础数据库为载体的信用信息共享整合机制，推进流通公共信用信息和金融基础信用信息跨领域、跨地域依法共享；二是鼓励金融机构充分利用大数据、区块链等新技术，与供应链核心企业、政府部门、第三方专业机构等各方加强信息共享，通过"金融科技+供应链场景"建立包括供应链上下游企业"主体信用"、交易标的"物的信用"和交易信息产生的"数据信用"的一体化、数字化、智能化信用评估和风险管理体系，推动流通信用信息在金融行业应用，深入推广"信易贷"；三是支持金融机构加快建立金融信用信息共享平台，提供主体负债、金融履约、信用评级等信息查询服务，推动金融信用信息对流通行业共享。

5.6.4 健全基于信用的新型监管机制

1. 推广信用承诺制和告知承诺制

一是针对流通领域行政许可、备案和证明事项等环节，研究制定信用承诺数据标准，推动使用内容规范、方便可用的信用承诺书样式；二是综合运用"双随机、一公开"等方式实施日常监管，加强对承诺市场主体信用状况的事中事后核查，将信用承诺书及履约状况纳入市场主体信用记录；三是鼓励市场主体主动向社会做出信用承诺，支持协会、商会建立健全行业信用承诺制度，强化行业自律。

2. 推进信用导向分级分类监管

一是以信用风险为导向优化配置监管资源，扩大事中事后监管覆盖范围，不断提升监管效能；二是统筹使用公共信用综合评价、行业信用评价、市场化信用评价结果，将评价结果作为实施信用分级分类监管的重要参考；三是提升信用监管运用的深度、广度，在流通领域更多行业和部门实施以信用为基础的差别化监管措施。

3. 完善信用联合奖惩机制

一是建立行政审批"绿色通道",对信用良好的行政相对人实施"容缺受理""加速办理"等便利服务措施;二是加大对诚信市场主体及个人的激励力度,在财政性资金项目、招商引资配套优惠等方面给予优先安排;三是按照合法、关联、比例原则,依法依规开展失信联合惩戒,推进重点领域失信治理,严厉打击失信行为,提高失信成本;四是加大诚信企业示范宣传和典型失信案件曝光力度,增强市场主体信用意识和契约精神;五是健全信用修复机制,鼓励失信主体消除不良影响,重塑良好信用。

4. 加大信用执法力度

一是对拒不履行司法裁判或行政处罚决定、屡犯不改、造成重大损失的市场主体及其相关责任人,在一定期限内实施市场和行业禁入措施,直至永远逐出市场;二是对被列入失信联合惩戒对象名单的市场主体,对其法定代表人或主要负责人、实际控制人进行失信惩戒,并将相关失信行为记入个人信用记录。

5.6.5 加强流通领域诚信文化建设

1. 加强企业诚信文化建设

一是以流通企业为对象,以诚信宣传为手段,以诚信教育为载体,大力倡导诚信道德规范,弘扬中华民族积极向善、诚实守信的传统文化和现代市场经济的契约精神,形成崇尚诚信、践行诚信的社会风尚;二是充分发挥媒体的宣传引导作用,结合商务、交通运输、物流等行业诚信创建活动,树立社会诚信典范,使流通企业学有榜样、赶有目标;三是鼓励各行业有步骤、有重点地组织开展"诚信活动周""质量月""安全生产月""诚信兴商宣传月""3·15国际消费者权益日""6·14信用记录关爱日"等公益活动,突出诚信主题,营造诚信和谐的社会氛围;四是加大假冒伪劣商品专项治理力度,维护商业信用和产品信用,树立行业诚信风尚。

2. 大力弘扬企业家诚信精神

一是强化企业家信用宣传，实施企业诚信承诺制度，督促企业家自觉诚信守法、以信立业，依法依规生产经营；二是利用全国信用信息共享平台和国家企业信用信息公示系统，整合在工商、财税、金融、司法、环保、安监、行业协会商会等部门和领域的企业及企业家信息，建立企业家个人信用记录和诚信档案，实行守信联合激励和失信联合惩戒；三是加强守法诚信教育培训，强化诚信意识，引导企业家主动抵制逃税漏税、走私贩私、制假贩假、污染环境、侵犯知识产权等违法行为；四是发挥企业家诚信示范带动作用，对遵纪守法、专注品质、诚信守约、履行责任等有突出贡献的优秀企业家以适当方式予以表彰和宣传。

重大研究篇

第六章

推动降本增效：基于中美比较降低社会流通成本

流通成本反映商流、物流、资金流、信息流等现代流通体系运行整体质量和效率，在有效降低全社会物流成本的基础上，进一步降低全社会流通成本，是当前推进现代流通体系建设的重要内容。从中、美两国比较的视角出发，建立科学可行的社会流通成本量化比较方法，分析我国社会流通成本相对较高的原因，并由此探寻促进我国现代流通体系降本增效的"良方"，对新发展阶段加快构建新发展格局、推动经济高质量发展具有重要价值。

6.1 现代流通体系构成与社会流通成本量化方法

6.1.1 现代流通体系构成

流通有狭义和广义之分。马克思主义政治经济学把社会再生产活动划分为生产、分配、流通、消费 4 个基本门类，从这个角度出发，现代流通体系既包括商贸、交通运输、物流等传统小流通，也包括金融、征信、通信等支撑资金、信息流动的现代大流通。《"十四五"现代流通体系建设规划》提出"一市场、两体系、三支撑"总体发展框架，确定了现代流通体系的基本构成内容，即全国统一大市场、现代商贸流通体系、现代物流体系、交通运输、金融和信用。从现代流通体系的业态构成看，包括商贸、物流、交通运输、金融服务、信息通信等行业，其中，商贸和物流，是现代流通体系的主要构成环节。

6.1.2 社会流通成本量化方法

从流通衔接生产和消费的经济循环视角来看，社会流通成本是国民经济各方面用于商流、物流、资金流和信息流等各类社会流通活动的费用支出之和，不仅包括物流成本，还包括交易成本、资金成本和信息成本。关于流通成本，国内外尚未形成公认的量化方法，为便于中美比较，我们从流通活动的两个主要构成环节出发，将流通成本划分为物流环节成本和交易环节成本两部分。其中，物流环节成本是在实现商品时空位移活动中产生的费用，包括保管费、仓储费、运输费和包装费等，按分析视角的不同，具体可分别由宏观物流成本、单位物流活动成本、物流企业经营利润等表示。交易环节成本是在实现商品所有权转换过程中产生的费用，从宏观经济运行角度来看，交易环节成本在一定程度上表现为交易活动经营主体取得的利润。

6.2 中美流通成本比较

6.2.1 物流环节成本比较

1. 宏观物流成本比较

宏观物流成本主要受两个因素影响：一是国家经济结构和产业结构，在三次产业结构中，服务业比重越大或制造业门类中高附加值产品比重越高，宏观物流成本越低；二是国家生产力布局，产业的原料能源产地、产品生产基地、产品销售地空间分布越接近或产业链上下游企业空间集群化程度越高，宏观物流成本越低。

社会物流总费用与 GDP 的比率，可用来衡量一个国家或地区的宏观物流成本和物流发展水平。我国十分重视物流成本的降低，近年来，通过持续推进供给侧结构性改革，深入促进物流行业降本增效。以 2016 年为分水岭，宏观物流成本较前一时期大幅下降。2017—2022 年，社会物流总费用与 GDP 的比率基本维持在 14.7%，比 2010—2013 年的 17.9% 左右下降 3.2 个百分点。受疫情影响，2022 年我国社会物流总费用与 GDP 的比率为 14.7%，比 2021

年上升 0.1 个百分点，略有反弹。2023 年我国社会物流总费用与 GDP 的比率为 14.4%，创历年新低，如图 6-1 所示。

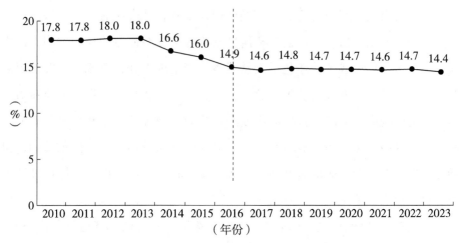

图 6-1　2010—2023 年我国社会物流总费用与 GDP 的比率①

近年来我国宏观物流成本与美国的差距有所缩小。2016—2023 年，我国社会物流总费用与 GDP 的比率年均值为 14.7%，比美国同期年均值高 7.2 个百分点（美国同期年均值为 7.5%）。这一差距较 2010—2013 年的 10.2 个百分点缩小了近 3 个百分点。尽管实现了大幅下降且差距有所缩小，但我国与美国的宏观物流成本依然差距明显。近几年，我国社会物流总费用与 GDP 的比率比美国高了近 1 倍，这意味着创造同样规模的 GDP 我国付出的物流成本约为美国的 2 倍。由此可见，我国经济运行的物流成本负担较重，这在一定程度上有碍于我国经济发展。

2. 物流成本结构比较

社会物流成本主要由运输费用、保管费用和管理费用 3 部分构成。与美国相比，2020 年，我国社会物流总费用中的保管费用和管理费用比例明显偏高。其中，保管费用高出美国同期 10 个百分点，管理费用高出美国同期 5 个百分点，如图 6-2 所示。这意味着物流组织化程度低、企业物流管理效率低是我国社会物流成本偏高的重要原因，我国物流组织能力和管理能力亟待提升。

---

①　数据来源：中国物流与采购联合会，历年全国物流运行情况通报。

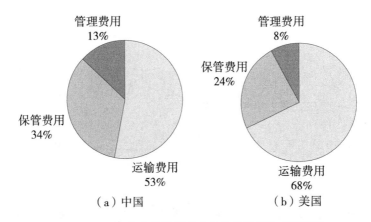

图 6-2　2020 年中美两国社会物流总费用构成情况①

3. 单位物流活动成本比较

进行物流成本比较，还可以针对单位物流活动付出的成本进行对比。相比于宏观物流成本，单位物流活动成本一般用社会物流总费用与全社会货物周转量的比率衡量，可以更加准确地反映中、美两国物流活动本身的成本水平。经测算，2010—2020 年，中美两国单一运输环节成本都有着不同程度的提高。其中，我国单位物流活动成本由 2010 年的 0.5 元/吨·千米升至 2020 年的 0.74 元/吨·千米，增幅达 48%。美国单位物流活动成本由 2010 年的 1.02 元/吨·千米升至 2019 年的 1.44 元/吨·千米，增幅达 41%。中美两国相比，我国单位物流活动成本约相当于美国的 1/2，这意味着完成同等规模的物流活动我国花费的物流费用远低于美国，如图 6-3 所示。

4. 物流企业经营利润比较

从物流企业利润角度看，我国物流成本进一步压缩的空间已十分有限。据中国物流与采购联合会调查结果，2020 年，50.8% 的被调查物流企业成本支出有所增加，37.1% 的被调查物流企业营业收入有所减少，13.7% 的被调查物流企业出现经营亏损。2021 年，65.7% 的中小微物流企业经营成本有所增加，44.8% 的中小微物流企业营业收入有所减少，50.1% 的中小微物

---

① 数据来源：中国物流与采购联合会，《2020 年全国物流运行情况通报》。

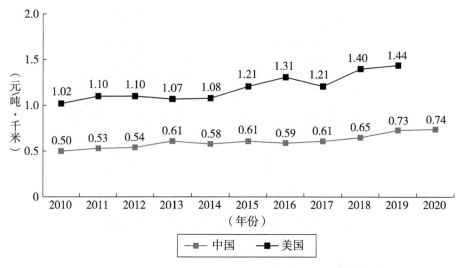

图6-3　2010—2020年中美两国单位物流活动成本①

流企业出现经营亏损（图6-4和图6-5）。成本的持续上升和收入的持续下降，致使物流企业经营状况不断恶化，依赖物流企业让利的降成本手段越发难以为继。此外，从我国上市物流企业的财务情况看，除中远海运集团利润较为可观外，传统物流企业和快递物流企业总体处于微利状态，净利润率普遍在5%以下，部分企业处于盈亏平衡甚至亏损状态。美国国际物流巨头则因广泛开展附加值较高的国际物流业务，盈利状况明显好于我国物流企业。

6.2.2　交易环节成本比较

根据中美流通业发展实际，高度集中的线上电商和线下商超已成为两国流通业的主要业态。为便于比较，现分别选取我国的京东和永辉、美国的亚马逊和沃尔玛作为两国典型电商企业和连锁超市企业，通过分析企业经营利润的差异，研判两国交易环节流通成本的高低。

---

① 数据来源：根据中美两国全社会货物周转量与社会物流总费用数据测算得到。

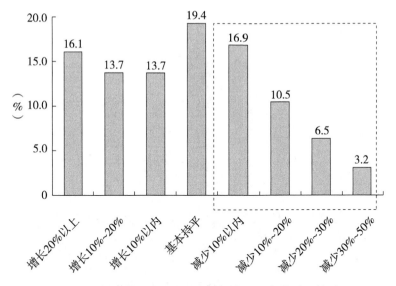

（a）被调查企业2020年收入水平与2019年的对比情况

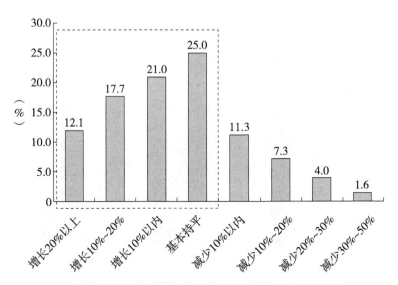

（b）被调查企业2020年成本支出与2019年的对比情况

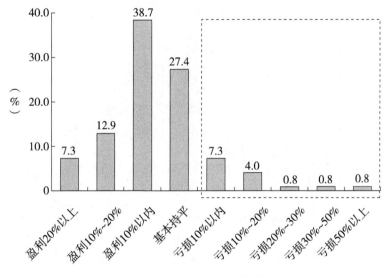

（c）被调查企业2020年盈利水平

图 6-4　2020 年我国重点联系物流企业经营情况①

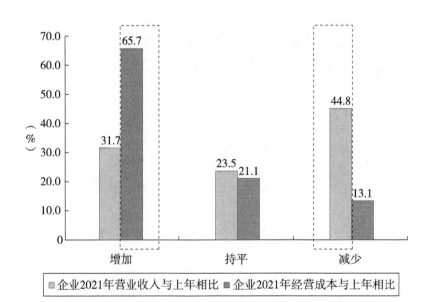

（a）企业2021年营业收入和经营成本与2020年对比情况

① 数据来源：中国物流与采购联合会，《2021 年物流企业营商环境调查报告》。

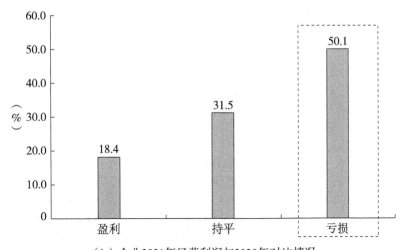

（b）企业2021年经营利润与2020年对比情况

图6-5　2021年我国中小微物流企业经营情况①

1. 线上电商企业经营利润比较

京东是我国电子商务领域受消费者欢迎和具有影响力的电子商务网站。2021年，京东全年净收入达9516亿元，同比增长27.6%，其中，净商品销售收入同比增长25.1%，净服务收入同比增长44.7%。从经营利润看，2021年京东经营利润为41亿元，同比下降约66%；净利润为−44.67亿元。京东同样对第三方卖家按照抽取佣金方式获取服务收入，根据不同产品品类，佣金为2%~10%，平均为6%。

亚马逊是美国最大的电子商务公司。根据调查数据，2021年亚马逊及其第三方卖家销售额占美国在线销售总额的41.8%。从经营规模看，2021年亚马逊净销售额为4698亿美元，同比增长22%；净利润为334亿美元，同比增长56.8%。从经营模式看，亚马逊电商分为自营模式和第三方卖家模式两种，其中，自营订单占比约44%，第三方卖家占比约56%。从经营利润看，根据亚马逊财务数据，亚马逊北美自营商品销售属于低毛利业务，平均毛利率为20%~25%；亚马逊对第三方卖家按照抽取佣金方式获取服务收入，产品品类

---

① 数据来源：中国物流与采购联合会，《中小微物流企业经营状况调查报告》。

不同佣金抽取比例不同，平均为 15%。

　　通过比较不难发现，我国京东自营商品毛利率比美国亚马逊低 5~10 个百分点，抽取的第三方卖家佣金比例约为美国亚马逊的 40%。因此，可以在一定程度上认为，在以线上电商为渠道的流通活动中，我国流通的交易环节成本远低于美国，见表 6-1。

表 6-1　　　　　　　　2021 年京东与亚马逊综合经营状况比较①

对比维度	京东	亚马逊	测算说明
零售市场份额	8.4%	6.3%	中国 2021 年商品零售额约为 39.4 万亿元，京东全渠道 GMV（商品交易总额）为 3.29 万亿元；美国 2021 年线上零售占比 15% 左右，亚马逊占美国电商市场份额的 41.8%
净利润	−44.67 亿元	334 亿美元	根据财务报告数据测算
自营商品毛利率	约 15%	20%~25%	
第三方卖家佣金	平均为 6%	平均为 15%	根据第三方数据推算
物流成本（综合维度）	5.6%	15.7%	按照京东物流收入 44% 为内部物流收入测算，约 460 亿元，全年自营零售业务收入 8157 亿元；亚马逊自营订单占比约 44%，第 4 季度自营物流费用按照等比例计算，为 104 亿美元，第 4 季度线上自营销售收入为 660 亿美元
物流成本（单票维度）	12 元（单算运输配送成本约 8 元）	3.35 美元	京东仓配单票成本约 12 元，其中，京东物流单票仓储成本 4.0 元、单票运输成本 1.1 元、单票配送成本 4.9 元、单票末端站点租金 0.3 元、单票其他成本 1.7 元（包装耗材等），此费用是包括了大件商品物流成本的平均价格；亚马逊测算的为小件标货配送费用平均值，洗衣机等大件商品单件物流费用高达 13.3 美元（说明：此费用未包括仓储成本）

---

① 数据来源：根据京东 2021 年财报、亚马逊 2021 年财报整理得到。

对比维度	京东	亚马逊	测算说明
税率	13%、9%、6%、0%共4档，以13%为主	6%~9%各州不同	我国不同商品销售增值税税率不同，大部分商品税率为13%，也有免税商品；美国各州普遍实行消费税，税率主要为6%~9%，也有少数几个州免税，几个州略超9%
人工成本	12万元（一线物流员工）	3.29万美元（中位数）	截至2021年年底，京东员工数超过42万人，其中，一线物流员工超30万人，人均月工资1万元；亚马逊在美国雇员95万人，亚马逊员工年薪中位数为3.29万美元（大量物流操作人员拉低了年薪中位数）
人均销售额	226万元	—	—

2. 线下商超企业经营利润比较

2021年，永辉超市营业收入达910.62亿元，与2020年相比略有下降，降幅为2.29%，归母净利润约为-39.44亿元，同比下降319.78%。从经营利润看，2021年永辉超市零售业毛利率为13.38%。

美国沃尔玛是一家世界性连锁商超企业，主要有沃尔玛购物广场、山姆会员店、沃尔玛商店、沃尔玛社区店4种营业方式，均以自营为主。根据沃尔玛公布的财务报告，2021年全年沃尔玛总营收为5591亿美元，同比增长6.72%；净利润137.06亿美元，同比下降9.8%；归母净利润为135.1亿美元，同比下降9.2%。

通过比较不难发现，我国永辉自营商品毛利率远低于美国沃尔玛，可以在一定程度上认为，在以线下商超为渠道的流通活动中我国流通交易环节成本远低于美国，见表6-2。

表6-2 2021年永辉与沃尔玛综合经营状况比较①

对比维度	永辉	沃尔玛	测算说明
零售市场份额	0.23%	9.5%左右	2021年，我国商品零售额约为39.4万亿元，永辉营业收入910.62亿元；沃尔玛在美国零售市场的份额约为亚马逊的1.5倍
归母净利润	−39.44亿元	135.1亿美元	根据财务报告数据测算
自营商品毛利率	约13.3%	20%~25%	
税率	13%、9%、6%、0%共4档，以13%为主	6%~9%各州不同	我国不同商品销售增值税税率不同，大部分商品为13%税率，也有免税商品；美国各州普遍实行消费税，税率主要为6%~9%，也有几个州免税，几个州略超9%
人工成本	人均年薪7万多元平均小时工资46元	约3万美元（中位数）平均小时工资16.4美元	永辉超市员工超12万人，人均年薪7万多元；沃尔玛共有230万名员工，员工年薪中位数略低于3万美元，平均小时工资为16.4美元
人均销售额	75万元	163万元	2021年，永辉销售额910.62亿元，员工超12万人；2021年，沃尔玛美国销售额达5591亿美元（按照人民币兑美元汇率6.7计算）

6.3 中美流通成本差异成因分析

6.3.1 物流环节成本差异成因

1. 国土空间形态和产业结构差异，是我国宏观物流成本高于美国的主要原因

从国土空间形态看，美国拥有良好的水运条件。因此，美国大宗物资长

---

① 数据来源：根据沃尔玛2021年财报及《永辉超市股份有限公司2021年年度报告》整理得到。

距离运输主要依靠水运，沿海港口陆上集疏运半径小。我国几乎是全球陆域纵深最大的国家，沿海港口腹地较绝大多数国家和地区深远得多，加上我国地势自西向东分为 3 个阶梯，海拔高差大，山地多，平原少，陆运物流成本又比地势平坦的美国高出许多。因此，在水运物流成本不足陆运物流成本 1/5 的天然差异下，我国宏观物流成本自然远高于美国。

从产业结构看，美国社会物流总费用与 GDP 的比率之所以从 20 世纪 80 年代初的 16% 下降至 2010 年之后的 8% 左右并至今保持在较低水平，主要原因是其第一、第二产业比例大幅下降，同时，制造业由初级重工业转向高附加值工业，这就使创造单位 GDP 产生的物流量大幅下降，物流成本占比必然随之下降。我国虽然也经历了三次产业结构调整，第一、第二产业的比重由 2010 年的 50% 以上降至 2021 年的 46.7%，相应社会物流总费用与 GDP 的比率下降了 3.2 个百分点，但与美国相比，我国服务业占比依然较低，宏观物流成本依然较高。

2. 物流组织化程度不高和营商环境有待改善，是制约我国单位物流活动成本进一步降低的主要原因

由中美物流成本的比较结果可知，我国单位物流活动成本明显优于美国，同时也存在保管费用和管理费用高于美国的结构性问题，这反映出我国物流体系运行的组织化程度尚有提升空间。因此，通过提升物流运行组织化程度，进而提高物流体系运行效率，可进一步扩大我国单位物流活动成本优势。同时，分析结果还显示，受困于营商环境，我国物流企业经营状况不容乐观，依靠物流企业让利的方式降低宏观物流成本空间有限。因此，通过减税降费等优化物流企业营商环境的办法降低物流企业经营成本，可进一步扩大我国单位物流活动成本优势。单位物流活动成本一旦继续降低，降成本效果便可通过价值向生产和消费环节传导的方式推动我国物流成本进一步降低。

6.3.2　交易环节成本差异成因

1. 要素投入成本较低，是我国交易环节流通成本低于美国的主要原因

第一，零售环节物流成本较低。在电商物流、快递、即时配送等物流服务业态快速壮大和服务模式创新的背景下，我国电商和零售物流成本大幅下降，与美国相比具有明显的比较优势，如单票电商物流成本按照汇率换算，我国成本仅为美国的1/2左右。

第二，人力成本较低。近年来，尽管我国零售领域劳动力成本上升明显，但按照汇率换算，我国劳动力成本也大大低于美国。

第三，平台运营成本较低。从电商平台对第三方卖家的佣金抽取比例看，我国电商平台对第三方卖家的佣金抽取比例不足美国的1/2；从大型超市管理费率看，我国超市管理费率同样比美国超市管理费率低。

2. 销售费用和税费偏高，是制约我国交易环节成本进一步降低的主要原因

第一，销售费用偏高。我国零售业态市场集中度明显低于美国，特别是线下零售方面，龙头零售企业与美国企业市场份额差距很大，各零售商为扩大市场份额往往要加大宣传推广力度，导致我国销售费用占比偏高。

第二，税费偏高。我国在零售领域普遍采取13%的税率，而美国各州税率普遍为6%~9%，虽然我国采取的是征收增值税方式，但这些税费会通过流通链条传导至最终消费者。

6.4 促进我国流通降本增效的建议

6.4.1 立足当下出硬招实招，助力流通企业企稳向好

1. 加大助企纾困政策力度，帮助企业渡过难关

第一，加大财政政策支持力度。

第二，加大货币金融政策支持力度。

第三，降低流通市场主体用水、用电、用网、用房等成本。

2. 改善营商环境，降低企业经营的制度性成本

第一，深化"放管服"改革。进一步减并流通领域资质证照，全面推广资质证照电子化，促进跨地区、跨部门互信互认、共享共用；尽快推出道路运输等领域便民政务服务和审批许可系统，进一步统一入口，便利网上审批、

网上注册、违章处理、网上年审、预约审验等具有含金量的业务办理，便利跨省异地许可事项网上办理；明确禁止道路运输车辆挂靠经营，明确个体司机可以申请道路运输经营许可证和车辆营运证；制定公路货运处罚事项清单，结合非现场执法认定工作需要，细化公路执法认定标准，减少监管中的重复、烦琐和自由裁量权。

第二，加强诚信体系建设。明确黑名单通报制度，建立流通企业诚信信息联网共享和信息披露机制，加强行业自律和规范发展；联合公安、交通运输、环保、工商、税务、司法、银行、保险等机构，对不诚信企业进行联合惩治，使失信企业寸步难行，同时对信用良好企业提供更多优惠激励；加强行业商协会与金融机构的联系，整合利用现有行业大数据资源，建立行业信用评价体系，与银行信用体系相融合，形成具有流通领域特点的风险防控模式。

6.4.2 聚焦短板对症下药，缩小中美流通成本差距

1. 增强流通与生产消费空间匹配度

我们需要根据中国制造2025、自由贸易区、新型工业化基地、国际消费中心城市等国家生产和消费的总体布局，优化流通网络空间格局，构建通达全国、连接世界的现代化国家流通网络，以相对低廉的流通成本和便捷高效的服务能力，支撑我国在全球产业分工中塑造国际竞争新优势。

2. 提升流通运行全程组织化水平

我们需要借鉴美国经验，发挥流通衔接生产和消费的纽带作用，提高从原料到生产直至消费的全过程流通组织化水平。以农产品为例，我们应当改变当前分散化的农产品种植模式，提高农产品规模化种植比例，扩大规模化养殖占比，降低大宗粮食、肉、奶等初级产品的成本，避免原材料成本过高影响终端商品价格。我们需要提高食品工业、消费品工业企业市场集中度，推动相关产业生产组织规模化，从而降低生产制造成本。我们需要推动流通企业整合资源，将其进一步做大做强，高效衔接生产和消费，降低生产流通全链条综合运行成本。

3. 推广扁平化流通渠道模式

我们需要大力推广农超对接、产地直采、一站式销售、电商平台等扁平化流通渠道模式，提高产销直接对接比例，减少中间流通环节，降低因交易层级过多而产生的额外成本。

4. 降低企业经营制度性成本

我们需要优化税率传导机制，构建从原料开采、产品制造直至终端消费的全环节增值税抵扣运行系统，以推动商品终端销售价格下降；同时，减少行政事业性收费，杜绝"乱罚款"，进一步减轻流通企业税费负担。

6.4.3 着眼未来，优化流通体系，实现综合降本增效

1. 构建内畅外联的流通网络

构建内畅外联的流通网络，需立足于服务构建新发展格局，统筹交通、物流、商贸等流通基础设施空间布局，统筹存量资源的共享共用，统筹国内国际基础设施衔接，构建内畅外联的现代流通网络，优化流通空间格局。

一是依托全国优势资源产区、产业集聚区和消费集中地，布局建设一批要素集中、设施完善的现代流通战略支点城市。

二是服务区域重大战略、区域协调发展战略、主体功能区战略等，串接现代流通战略支点城市，打造若干设施高效联通、产销深度衔接的骨干流通走廊。

三是以国内国际贸易一体化为方向，密切内外物流网络衔接，更好服务国内国际双循环，充分发挥现代流通战略支点城市内外链接作用，向外延伸骨干流通走廊辐射范围，推动形成覆盖全球、安全可靠的国际流通网络。

2. 畅通现代流通发展链条

畅通现代流通发展链条，需立足更大范围、更有效率、更高水平的国民经济循环，加快畅通商流、物流、资金流、信息流等有机衔接、协同高效的现代流通发展链条。

一是消除国民经济循环中的断点、堵点，贯通社会再生产的生产、分配、流通和消费全过程。

二是完善全国统一大市场，促进商品和要素高效、顺畅流动。

三是连接国内国际两个市场、两种资源，实现内外贸一体化和国内国际双循环相互促进。

四是改变农产品进城和消费品下乡"各管一段"的现状，重构农村流通生态。

3. 推进流通业态模式创新

推进流通业态模式创新，需把握新一轮科技革命和产业变革历史机遇，加速流通体系现代化建设步伐，提升流通数字化、组织化、绿色化发展水平。

一是强化流通各环节各领域数字赋能，拓展流通领域数字化应用深度、广度，促进流通业态模式创新发展。

二是强化流通对资源要素配置的组织和衔接作用，促进产业链供应链高效组织，推动供需精准适配，优化商品和要素跨地区、跨领域大规模流通组织。

三是落实"碳达峰""碳中和"目标要求，加大绿色技术装备推广应用力度，加快流通设施节能改造，降低流通全过程资源消耗和污染排放。

4. 推动流通顶层设计落地

《"十四五"现代流通体系建设规划》确立了我国现代流通体系建设的指导思想、战略方向、发展目标和主要任务，是新时代开展现代流通体系建设的顶层设计。按照"一市场、两体系、三支撑"的任务框架和任务分工，我们应进一步细化、实化各部门工作举措，明确主要目标和重点任务，制定年度重点工作安排。地方政府应结合自身发展实际，制订现代流通体系建设实施方案，切实推动本地区现代流通体系建设。全国现代流通体系建设统筹协调部门应加快建立跨部门沟通协调机制，确保现代流通体系建设重大战略、重大规划、重大工程落地实施。

第七章

优化空间布局：构建内畅外联的现代流通网络

《"十四五"现代流通体系建设规划》提出，要布局建设一批流通要素集中、流通设施完善、新技术新业态新模式应用场景丰富的现代流通战略支点城市，打造若干设施高效联通、产销深度衔接、分工密切协作的骨干流通走廊，最终形成内畅外联现代流通网络。作为现代流通体系的核心支撑，我们必须对现代流通网络的内涵构成和空间布局进行研究，确定科学、合理的布局方案。

7.1 现代流通网络的构成与功能作用

7.1.1 现代流通网络的内涵与构成

1. 现代流通网络的内涵

现代流通网络是以支撑商品和要素大规模高效流动为目的，以现代流通企业为主体，在现代科技赋能下，商品、要素在节点规模化集聚，再依托交通通道进行通道化有序流动，形成的纵横交错的商品和要素流动网络，突出表现为商品和要素在节点的规模集中，以及通过通道的规模化运作。现代流通网络的运行一般以大中城市或资源产地、生产制造基地为组织节点，以节点之间的干线交通通道为依托，实现大规模商品和要素的有序流动。现代流通网络是现代流通体系的核心支撑，是支撑商品和要素大规模自由流动的主要载体，是连接生产者和消费者的重要纽带。

2. 现代流通网络的构成

现代流通网络总体架构为"流通支点+流通走廊+流通运行"。流通支点是流通需求集中的区域，流通走廊连接流通支点，流通支点和流通走廊构成现代流通网络的基础设施主骨架。流通运行就是在骨干流通基础设施的支撑下，发挥流通支点的集聚作用和流通走廊的强承载力，依托流通企业开展通道化、网络化的流通运作。

（1）流通支点

流通支点是流通需求集中的区域，是整合区域流通资源，集聚流通需求的重要节点。考虑到流通支点在现代流通网络中的作用，可将流通支点划分为流通战略支点城市和流通节点。流通战略支点城市一般是全国优势资源地、产业和消费集聚的区域中心城市，是现代流通网络的组织中心，服务区域重大战略、区域协调发展战略，具有较强的流通资源整合能力。流通节点是流通网络的二级节点，一般位于产业集中区、资源产地等二、三线城市，通过与流通战略支点城市衔接，构建区域微循环流通网络。此外，流通支点还包括海外流通支点，通过与国际化的流通战略支点城市联动，依托国际海运、航空货运、陆路多式联运等方式实现规模化的国际流通运作。

（2）流通走廊

流通走廊是在产销深度衔接、商品供需适配的流通支点之间，以干线交通通道为依托，开展规模化供需适配和流通运行的廊道。流通走廊按照重要程度可分为连接流通战略支点城市的骨干（或全国性）流通走廊、连接流通战略支点城市和流通节点的一般（或区域性）流通走廊。骨干流通走廊一般以干线高速公路、铁路、航道、航线等为依托，连接供需关系紧密、商流和物流交流量大的流通战略支点城市，是具备两种及以上运输方式的大运量物流运作廊道。一般流通走廊以大运量的交通运输方式为依托，服务于区域流通网络化运作。

（3）流通运行

流通运行是现代流通网络发挥作用的重要手段，具体而言，包括利用平台型流通企业进行供需适配；利用网络型流通企业以流通设施网络为载体开展通道化、网络化的大规模物流运作；利用国际化流通企业，发挥现代流通战略支点城市与境外流通节点的内外连接作用，开展国际化双向流通运作，服务畅通国内国际经济循环，并推动形成覆盖全球、安全可靠、高效畅通的流通网络。

7.1.2 现代流通网络的地位和作用

1. 现代流通网络在现代流通体系中的作用

第一，现代流通体系的骨干设施支撑。现代流通体系的建设离不开基础设施支撑，这里的基础设施支撑，既包括商贸、物流等基础设施，也包括支撑流通运行的交通运输、通信、金融等基础设施。现代流通网络包括的流通支点和流通走廊，是流通基础设施布局最密集的区域，拥有大规模商贸市场群、物流枢纽、物流园区以及连接流通支点之间的干线交通设施，由此形成了现代流通体系的骨干设施网络，对现代流通体系运行形成骨干支撑。

第二，各类流通资源、要素的集聚载体。传统流通模式下，由于流通基础设施布局分散，流通要素集聚程度不高。现代流通网络下，围绕流通支点的商贸市场群、物流枢纽、物流园区、多式联运基地等大型商贸物流基础设施，通过完善服务功能，构建了面向区域的商贸物流集散网络，从而有利于快速形成流通成本洼地和流通效率高地，这将有效吸引流通节点及周边地区流通资源、要素加速集聚，进而发挥流通网络的资源整合和要素集聚作用。

第三，规模化、网络化流通活动的载体。现代流通运行的显著特征就是组织化水平明显提高，通过流通规模化运作来提升流通效率，实现商品和要素大规模高效、自由流动。现代流通网络依托流通基础设施，通过要素集聚为流通规模化运作、组织提供了设施条件。网络化的流通企业在流通网络基础设施的支撑下，通过搭建商贸交易和物流信息平台，再依托流通走廊进行干线通道化流通运作，实现了流通的网络化运行，其中流通网络发挥了重要的组织功能。

2. 现代流通网络在支撑构建新发展格局中的作用

第一，支撑国内国际商品大规模流动。现代流通网络中的流通支点覆盖了主要商品供应地、商品集散地和消费集中区，是流通活动最为集中的区域，内生流通需求大。流通走廊依托流通支点间的干线运输大通道，大规模物流运作承载能力强。流通网络通过串接国内外流通支点，再利用流通通道进行国内国际双向物流运作，能够有效对接国内国际流通需求，促进商品和要素在国内乃至国际上进行大规模流动，支撑国民经济循环畅通。

第二，支撑产业发展与生产力布局优化。现代流通高效串接三大产业，是实体产业运行不可或缺的环节。现代流通网络中的节点主要布局在消费集中区和产业集聚区。布局在产业集聚区的流通支点，主要为产业提供原材料供应和产品分销组织服务，依托高效率的流通网络、低成本的流通环境，为产业扩张发展提供优质的流通服务，从而增强产业区域乃至国际竞争力，更好地促进流通支点所在区域产业发展。此外，流通网络的构建也将改变商品和要素流动方向，布局在主要消费集中区、经济后发地区的流通支点，因为接入现代流通网络，从而改变了支点所在城市、区域的物流环境，吸引了区域资源、要素加快集聚，有利于加快区域增量产业发展，促进产业布局优化，推进区域经济高质量发展。

第三，提升国际供应链控制能力。当今世界贸易保护主义抬头，经济全球化出现反复，全球产业链供应链中断风险加剧。现代流通网络通过连接国际流通支点，再依托国际流通走廊进行规模化运作，能够密切与国外资源产地、消费地以及港口等交通枢纽之间的流通联系，在全球经贸和产业合作中发挥着至关重要的作用。龙头网络型流通企业依托国际流通网络拓展全球业务，在全球主要流通节点进行商贸和物流业务组织，能够有效保障我国原材料供应稳定和产品高效面向全球分销，有利于提升我国全球产业链供应链控制力。

7.2 布局重要商品骨干流通走廊

骨干流通走廊是串接现代流通战略支点城市、构建内畅外联现代流通网络的关键，是促使商品和资源、要素在不同地区实现集中化供给和规模化需求安全、稳定、经济、高效对接的空间廊道，是连接生产与消费并承载商流、物流、资金流和信息流的空间载体。我们建议从依托综合运输和城镇化格局、保障重要商品流通安全、服务重要商品流通方向 3 个方面出发，确定重要商品骨干流通走廊布局方案，以增加布局合理性。

7.2.1　以运输通道布局和城镇化战略格局作为骨干流通走廊布局的本底

1. 统筹考虑"十纵十横"综合运输大通道布局

《"十四五"现代综合交通运输体系发展规划》提出，要构建完善以"十纵十横"综合运输大通道为骨干，以综合交通枢纽为支点，以快速网、干线网、基础网多层次网络为依托的综合交通网络。其中，"十纵"纵向综合运输通道包括沿海运输通道、北京至上海运输通道、北京至港澳台运输通道、黑河至港澳运输通道、二连浩特至湛江运输通道、包头至防城港运输通道、临河至磨憨运输通道、北京至昆明运输通道、额济纳至广州运输通道、烟台至重庆运输通道；"十横"横向综合运输通道为绥芬河至满洲里运输通道、珲春至二连浩特运输通道、西北北部运输通道、青岛至拉萨运输通道、陆桥运输通道、沿江运输通道、上海至瑞丽运输通道、汕头至昆明运输通道、福州至银川运输通道、厦门至喀什运输通道。骨干流通走廊的布局充分依托国家综合立体交通网和国内骨干商贸、物流通道，且重点考虑了已有铁路、公路、航空、水路、管道等运输通道。

2. 统筹考虑"两横三纵"城镇化战略格局

骨干流通走廊承担着服务区域协调发展战略、区域重大战略和主体功能区战略的重大使命。《中华人民共和国国民经济和社会发展第十四个五年规划和 2035 年远景目标纲要》提出：发展壮大城市群和都市圈，分类引导大中小城市发展方向和建设重点，形成疏密有致、分工协作、功能完善的城镇化空间格局。以促进城市群发展为抓手，全面形成"两横三纵"城镇化战略格局。城市群成为经济发展空间的主要载体，依托主要城市群间的串接廊道建设骨干流通走廊，可进一步强化区域间设施联通、产销衔接、分工协作，带动中西部边远地区发展，促进区域协调发展，释放我国超大规模国内市场潜力。

7.2.2　从保障重要商品流通安全角度明确骨干流通走廊类型

"以战略谋走廊"是确定走廊类型的基本出发点。党的二十大报告指出，从现在起，中国共产党的中心任务就是团结带领全国各族人民全面建成社会主义现代化强国、实现第二个百年奋斗目标，以中国式现代化全面推进中华民族伟大复兴。国家安全是民族复兴的根基，社会稳定是国家强盛的前提。必须坚定不移贯彻总体国家安全观，把维护国家安全贯穿党和国家工作各方面全过程，确保国家安全和社会稳定。当前世界进入新的动荡变革期，我国现代化建设进程中需要应对的风险和挑战更加错综复杂，特别是粮食、能源、资源供应安全问题凸显。同时，我国经济纵深广阔，各地资源禀赋存在较大差异，必须进一步优化重大生产力布局，畅通相关商品和资源要素大规模、跨区域流通渠道，建设现代流通体系，防范化解重大风险。因此，服务"统筹发展和安全"是布局建设骨干流通走廊的首要出发点。基于上述考虑，我国确定了"重要农产品农资""重要能源产品""重要矿产品原材料"3类重要商品骨干流通走廊。

7.2.3 以承载重要商品流通方向为切入点谋划骨干流通走廊布局

骨干流通走廊连接生产与消费，承载商流、物流、资金流和信息流。粮食、棉花、食糖、化肥4类农产品农资，煤炭、原油、天然气3类能源产品，铁矿石、铜、铝、镍、天然橡胶5类矿产品原材料的主要产地、进口地、仓储地、集散地、消费地、出口地和流通线路，是确定骨干流通走廊走向的重要基础。

1. 重要农产品农资

（1）粮食

我国的粮食物流运输主要依靠八大粮食通道和"两横、六纵"八条粮食物流线路完成。

八大粮食通道分别为东北通道、黄淮海通道、长江中下游通道、华东沿海通道、华南沿海通道、京津通道、西南通道和西北通道。

八条线路分别为沿海线路，主要连接东北、黄淮海、华东沿海、华南沿海四大通道，主要粮食品种为玉米、稻谷（大米）；沿长江线路，主要连接华东沿海、长江中下游、西南三大通道，主要粮食品种为稻谷（大米）、玉米和大豆；沿运河线路，主要连接黄淮海、长江中下游、华东沿海三大通道，主要粮食品种为稻谷、玉米、小麦；沿京哈线路，主要连接东北、京津两大通道，主要粮食品种为稻谷（大米）、玉米；沿京沪线路，主要连接东北、京津、黄淮海、长江中下游、华东沿海五大通道，主要粮食品种为稻谷（大米）、玉米、小麦；沿京广线路，主要连接东北、京津、黄淮海、长江中下游、华南沿海五大通道，主要粮食品种为稻谷（大米）、玉米、小麦（面粉）；沿陇海线路，主要连接黄淮海、西北两大通道，主要粮食品种为大米、小麦（面粉）；沿京昆线路，主要连接东北、黄淮海、西北、西南、华南沿海五大通道，主要粮食品种为大米、小麦（面粉）、玉米。

（2）棉花

当前主要有三大棉花物流通道：新疆棉花物流通道，主要是满足新疆棉花及中亚国家进口棉花流入内地需求；内地棉花物流通道，主要是满足华东、华中、华北等地区棉纺企业用棉需求；沿海地区进口棉花物流通道，主要是满足国内企业对进口棉花的物流需求。

（3）食糖

我国制糖业分布"南甘北甜"，南方以甘蔗制糖为主，主要分布在广东、广西、云南、福建、海南、四川等地；北方以甜菜制糖为主，主要分布在黑龙江、内蒙古、吉林、新疆等地，新疆昌吉、奎屯等地糖厂以满足西北地区需求为主，内蒙古锡林郭勒（佰惠生）等地糖厂以满足东北地区需求为主。目前国内甘蔗制糖约占90%，甜菜制糖约占10%。我国食糖主要进口来源国为巴西、古巴和泰国，进口的食糖经辽宁营口（鲅鱼圈）、河北唐山（曹妃甸）、天津、江苏连云港、江苏盐城（大丰）、防城港、湛江等沿海港口入境，糖加工厂多依托港口在沿海布局。

（4）化肥

我国氮肥和磷肥基本能够自给，钾肥尚需大量进口。

氮肥生产基地主要有山西（晋城市）、山东（德州、潍坊）、河北（沧州、石家庄）等，主要面向华北地区需求；西南天然气产区（重庆和四川泸州、德阳、南充）及湖北宜昌等氮肥生产基地，主要面向华中和西南地区需求。

磷肥生产地主要在湖北（宜昌）、云南（昆明）、贵州（开阳县、息烽县）、四川（宜宾、德阳）及安徽等地，消费地主要在三北（东北、华北、西北）地区。

钾肥陆路主要经阿拉山口、霍尔果斯、满洲里口岸进口，水路主要经镇江、连云港、营口、防城港、烟台、天津、湛江、东莞（麻涌）、青岛、北海、潍坊、南通、南京等港口进口。

2. 重要能源产品

（1）煤炭

我国煤炭储备主要集中在山西、陕西、内蒙古西部以及新疆等地，消费地多集中在东南沿海等区域，形成了煤炭产地及消费地错配的格局。《煤炭物流发展规划》提出"九纵六横"的煤炭物流网络。

·晋陕蒙（西）宁甘煤炭外运通道，由北通路（大秦、朔黄、蒙冀、丰沙大、集通、京原）、中通路（石太、邯长、山西中南部、和邢）和南通路（侯月、陇海、宁西）三大横向通路和焦柳、京九、京广、蒙西至华中、包西五大纵向通路组成，满足京津冀、华东、华中和东北地区煤炭需求。

·内蒙古东部煤炭外运通道，主要为锡乌横向通路，满足东北地区煤炭需求。

·云贵煤炭外运通道，主要包括沪昆横向通路、南昆纵向通道，满足湘粤桂地区煤炭需求。

·新疆煤炭外运通道，主要包括兰新、兰渝等纵向通路，适应新疆煤炭外运需求。

·水运通道，由长江横向通道、沿海纵向通道、京杭运河纵向通道组成，满足华东、华中、华南地区煤炭需求。

·进出口通道，由沿海港口和沿边陆路口岸组成，适应煤炭进出口需要。

（2）原油、天然气

我国石油资源集中分布在渤海湾、松辽、塔里木、鄂尔多斯、准噶尔、珠江口、柴达木和东海陆架八大盆地，天然气资源集中分布在塔里木、四川、鄂尔多斯、东海陆架、柴达木、松辽、莺歌海、琼东南和渤海湾九大盆地，消费则覆盖全国。

《中长期油气管网规划》布局的原油和天然气相关管网如下。

·"一带一路"进口通道：西北方向中哈原油管道，中亚—中国天然气管道，东北方向中俄原油管道、中俄天然气管道东线，西南方向中缅原油、天然气管道，沿海地区环渤海、长三角、东南地区原油码头、大型 LNG 接收站等。

·原油管道：统筹进口和自产原油，形成西北与西南相连、东北与华北华东贯通、沿海向内陆适当延伸的"东西半环、海油登陆"原油通道格局。

·天然气管道：西气东输依托进口资源，以及塔里木盆地、准噶尔盆地、鄂尔多斯盆地和四川盆地天然气资源，以满足中东部地区的用气需求；北气南下衔接陆上重要天然气进口通道，以满足东南地区的用气需求；海气登陆依托近海天然气开发，建设东海、南海气田上岸天然气管道。

3. 重要矿产品原材料

（1）铁矿石

我国铁矿石对外依存度 2020 年达到 82.3%，近年来有所下降，2022 年为 79.8%。根据《全国矿产资源规划（2016—2020）》，国内铁矿主要分布在辽宁鞍本、四川攀西、河北冀东、内蒙古包白、宁芜庐枞、山西忻州—吕梁、山东鲁中—鲁西、安徽霍邱、新疆天山、新疆西昆仑 10 个基地。

（2）铜

铜广泛应用于电力、电子、能源石化、机械及冶金、交通、轻工等新兴产业，就地、就近加工特点明显，我国是世界上最大的铜材消费国。

从国际来看，全球铜矿资源分布较为集中，主要分布在南美洲西部地区。2022 年，我国铜矿砂及其精矿主要从智利和秘鲁进口，两者分别占我国进口铜矿石总量的 1/3、1/4，进口铜矿主要以海运形式从宁波—舟山、广西防城港等东部沿海港口入境。

从国内来看，国内铜矿主要分布在江西、云南、甘肃（白银）、山西（运城）、内蒙古（包头、赤峰）、湖北（大冶）、安徽（铜陵）、黑龙江（多宝山），近年来西藏拉萨、昌都、日喀则等地陆续发现大型铜矿并开采加工；在内蒙古、青海、西藏等生态脆弱地区，为了保护生态，存在长距离运送情况。

（3）铝

从国内来看，铝土矿资源储量分布高度集中，主要分布在山西（41.6%）、贵州（17.1%）、河南（16.7%）、广西（15.5%），分布有晋中、晋南、晋西、豫西北、黔中北、桂西南6个国家级基地。

从国际来看，我国铝土矿对外依存度为55%左右，近年来呈上升态势。2022年，我国累计进口铝土矿12547万吨，其中，自几内亚、澳大利亚、印度尼西亚分别进口7035万吨、3409万吨和1898万吨。山东省是我国最大的铝土矿进口地，氧化铝产量也最多；沿海的广东、江苏、浙江、福建也依托进口铝土矿有一定的铝生产能力。

（4）镍

我国镍矿主要分布在西部地区，其中甘肃占比达66%，其次分别为新疆、云南，占比分别为12%、9%。我国镍需求高度依赖进口，对外依存度超过90%，镍矿主要从印度尼西亚、菲律宾及新喀里多尼亚进口，主要为红土镍矿。红土镍矿主要用于镍铁冶炼，国内镍生铁生产主要集中在山东、福建、广东、广西、江苏等地区。进口港口包括天津港、连云港、鲅鱼圈（营口）、日照港、岚山港（日照）、岚桥港（日照）、铁山港（北海）、防城港、京唐港、曹妃甸港、盘锦港、锦州港、福建港口等。从精炼镍来看，国内主要供应地分布在甘肃；从国际进口来看，主要从俄罗斯、澳大利亚等国进口，此外还有挪威、加拿大等国。

（5）天然橡胶

从国内来看，天然橡胶主产区集中在海南、云南、广东、广西及福建等地，其通过公转铁、铁海联运等方式运往浙江、山东等东部沿海地区。

从国际来看，2022年我国天然橡胶进口依存度约为76.85%，天然橡胶（包含乳胶、混合胶）进口量为606.0万吨，主要来自泰国、越南、马来西亚和印度尼西亚等国，主要经由青岛、上海、广州、厦门、宁波、杭州等港口输入。

7.2.4 重要商品骨干流通走廊布局方案

一是重点布局7条重要农产品农资骨干流通走廊，分别是沿海走廊、京哈京广走廊、京沪走廊、京昆走廊、新亚欧大陆桥走廊、西部陆海新通道走廊、沿长江走廊；二是重点布局 7 条重要能源产品骨干流通走廊，分别是西气东输走廊、俄气南下走廊、川气东送走廊、沿长江油气运输走廊、沿海能源进口走廊、北煤南运走廊、疆煤外运走廊；三是重点布局 6 条重要矿产品原材料走廊，分别是沿海综合矿产进口走廊、中蒙铜矿进口流通走廊、西藏—西北铜矿流通走廊、西铝东供走廊、西镍东供走廊、南胶北运走廊。

7.3 布局现代流通战略支点城市

为更科学地布局现代流通战略支点城市，应对有关布局影响因素进行全面分析，通过科学的筛选方法，最终确定现代流通战略支点城市布局方案。

7.3.1 现代流通战略支点城市布局影响因素

建设现代流通体系，是在国际政治经济环境复杂多变背景下，针对我国经济发展新阶段出现的新情况，为更好地支撑构建新发展格局做出的重大战略部署。现代流通战略支点城市作为产业、人口集聚地，流通要素集中，流通组织能力强，在现代流通体系建设中发挥着核心支撑作用，但不同城市资源禀赋、区位交通、产业发展基础、城市规模等差异决定了其在现代流通体系中发挥着差异化功能和作用，现代流通战略支点城市选择应重点考虑重要商品流通组织功能、流通走廊契合度、国家或区域发展战略、城市经济发展基础、城市区位交通条件等因素。

1. 重要商品流通组织功能强

重要商品是对经济和社会稳定发展作用重大的商品，我国正在加快建设重要商品储备体系，重要商品生产、运输、储备已经形成一定格局，并形成了一定通道，现代流通战略支点城市的选择应契合我国重要商品流通走廊布局。从商品类别来看，重要商品主要有重要农产品农资、重要能源产品、重要矿产品原材料 3 类。现代流通战略支点城市应主要布局在相关商品流通走廊上，还应在某类或某几类重要商品流通中发挥关键甚至组织作用，具备相关商品大规模存储、集中转运、区域分拨配送、结算交易等相关设施和服务功能。

2. 跨域跨界辐射带动优势大

现代流通战略支点城市应具备较强的流通组织能力，对城市及周边地区而言，现代流通战略支点城市除了是重要商品流通组织中心，也是区域重要商贸物流集散地，能够面向周边地区开展消费品、电商等货物的集散交易和分拨配送，具备整合区域分散商贸物流资源，实现区域、城乡之间商品高效流动，促进商流、物流、资金流、信息流汇集的条件。同时，现代流通战略支点城市能够围绕区域产业如现代农业、生产制造业、商贸流通业等特点，开展农产品、原材料、零部件或产成品的区域流通组织，在区域产业组织和生产力优化布局方面发挥组织作用。

3. 现代流通产业发展水平高

现代流通战略支点城市应在我国现代流通体系建设中发挥示范引领作用，其流通业态、模式、技术较为创新，能够在区域乃至全国流通发展中发挥引领和示范作用。现代流通战略支点城市的批发和零售业与交通运输、仓储和邮政业等与流通产业发展相关的指标应在区域处于前列；城市商贸、物流、交通运输等流通设施完善，数字化、绿色化水平高，流通新技术、新业态创新发展；商品流通环境优越，流通市场规则和制度体系健全；本地或周边关联流通企业拥有国际或区域运营网络，能够有效支撑商品和资源要素低成本、高效率流通。

4. 契合国家或区域重大战略

近年来，我国通过实施一系列国家或区域发展战略来推动城市等更高水平地参与区域乃至国际市场竞争，有力地促进了城市现代流通和经济社会发展。"一带一路"倡议的实施，加快了沿海和内陆腹地的开放步伐，促进了内陆地区参与国际经济循环。京津冀协同发展、长江经济带建设、长江三角洲区域一体化发展、粤港澳大湾区和成渝地区双城经济圈建设将进一步优化我国区域流通和经济发展布局。同时，我国也在持续推进"3+18"城市群建设，国家中心城市、城市群、都市圈等对人口和产业的吸附能力强，区域流通要素高度集中，将成为未来我国现代化流通发展的主阵地。

5. 城市主要经济发展指标强

现代流通战略支点城市布局不是孤立地选择一批城市来开展流通要素集聚、流通产业及流通企业培育，而是结合现代流通体系建设要求，考虑城市经济、社会、产业和流通发展基础。从城市内生流通需求角度看，城市经济规模与城市流通规模总体呈现高度正相关关系。具体而言，城市工业规模决定了原材料和工业品流通规模，城市人口规模决定了生活消费品流通规模，这些指标是进行现代流通战略支点城市选择的关键指标。在经济全球化背景下，国内国际双循环也十分重要，我国经济外向度较高，部分沿海、沿边城市外向型经济已成为城市经济发展的重要领域，在选择具有国际流通功能的现代流通战略支点城市时，外向型经济规模也是考虑的重要因素。

6. 城市综合交通运输条件优

现代流通体系建设中，物流通道的连接水平和服务能力也是关键因素。物流枢纽城市作为物流资源整合集聚、物流业务集中运作的载体，也需要干线交通运输大通道的高效支撑，以实现物流枢纽城市之间的规模化物流运作。干线铁路、高速公路、港口码头、机场等城市综合交通运输条件，则是支撑城市物流通道化运作的重要载体，在进行物流枢纽城市选择时，要充分考虑城市的综合交通运输条件，特别是综合货运枢纽、干线交通的服务能力。

7.3.2 现代流通战略支点城市选择方法

现代流通战略支点城市作为我国现代流通体系建设的重要支撑，应从发挥不同流通组织功能、结合城市所长和国家所需方面，重点基于重要商品主要流通走廊和城市流通组织基础进行选择。

1. 基于重要农产品农资骨干流通走廊的支点城市选择

一是粮食流通走廊，主要为"北粮南运"陆海通道，分别从黑龙江经辽宁沿海港口至我国东南沿海和长江沿线；"北粮南运"陆上通道，分别为东北经华北至华中、华南通道，东北经华北至华东通道，东北经过华北、关中至西南通道。

二是新疆粮棉外运通道，主要为新疆至华北、华中、华东通道，新疆至西南通道。

三是南果（菜）北运通道，主要为海南、广西等至华中、华北乃至东北通道。

四是化肥等农资流通通道，主要为磷肥从西南向东北、华北、西北流通通道，钾肥从沿海沿边港口至主要粮食主产区通道。

基于重要农产品农资骨干流通走廊的支点城市候选名单见表7-1。

表7-1　基于重要农产品农资骨干流通走廊的支点城市候选名单

重要农产品农资	主要流通通道		涉及城市
粮食	"北粮南运"陆海通道		哈尔滨、长春、沈阳、大连、营口、锦州、广州、上海、深圳等
	"北粮南运"陆上通道	至华东方向	沈阳、唐山、天津、济南、南京、苏州、上海、杭州等
		至华南方向	石家庄、郑州、武汉、长沙、郴州、广州、深圳等
		至西南方向	大同、太原、临汾、渭南、西安、成都、昆明等
	新疆粮食外运通道		伊宁、乌鲁木齐、酒泉、兰州、西安、洛阳、郑州、包头、银川、成都、重庆、昆明等
棉花	新疆棉花外运通道		乌鲁木齐、兰州、西安、郑州、苏州、无锡、嘉兴、绍兴、青岛、淄博、商丘等
化肥	磷肥	西南磷肥外运通道	宜昌、昆明、宜宾、德阳、商丘、临沂、长春、沈阳、哈尔滨等
	钾肥	陆路进口通道	阿拉山口、霍尔果斯、满洲里等
		海上进口通道	镇江、连云港、营口、防城港、烟台、天津、湛江、东莞（麻涌）、青岛、北海、潍坊、南通、南京等
综合	长江农产品农资流通走廊		上海、宁波（舟山）、苏州、南京、芜湖、九江、鄂州、武汉、岳阳、宜昌、重庆、宜宾—泸州等

2. 基于重要能源产品骨干流通走廊的支点城市选择

第一，煤炭流通通道，分别是北煤南运陆海通道，主要依托大秦、朔黄、瓦日等铁路，将晋陕蒙能源基地的煤炭运送至渤海、黄海港口，再经近海海运至东南沿海港口；北煤南运陆上通道，主要是将晋陕蒙煤炭依托浩吉铁路等送至华中和华东沿线；疆煤外运通道，主要是将新疆的煤炭依托兰新铁路等运往甘肃、四川等地。

第二，油气流通通道，分别是西气东输通道，主要是将中亚、新疆油气资源，依托西气东输线路，送往广大中东部地区；俄气南下（北油南送）通道，经东三省、京津冀、环渤海南下抵达上海；川气东送通道，将四川盆地油气资源输送至中东部地区；西南油气通道，将由云南入境的油气输送至成都、重庆等西南地区。此外，还有沿江输送通道，依托长江航运，以上海、宁波（舟山）等为起点，将原油和成品油运送至长江中上游地区；等等。

基于重要能源产品骨干流通走廊的支点城市候选名单见表7-2。

表7-2　　基于重要能源产品骨干流通走廊的支点城市候选名单

重要能源产品	主要流通通道	涉及城市
煤炭	北煤南运陆海通道	呼和浩特、唐山、大同、秦皇岛、太原、石家庄、沧州、临汾、长治、临沂、日照等
	北煤南运陆上通道	呼和浩特、乌兰察布、大同、太原、长治、洛阳、南阳、襄阳、宜昌、岳阳、长沙—株洲—湘潭、西安、阜阳、合肥、南京等
	疆煤外运通道	乌鲁木齐、哈密、巴彦淖尔、兰州、西安、库尔勒、格尔木、西宁、重庆等
油气	西气东输通道	库尔勒、酒泉、兰州、西安、洛阳、合肥、南京、常州、上海及银川、榆林、太原、石家庄、保定、北京、天津、青岛等
	俄气南下（北油南送）通道	大庆、哈尔滨、长春、沈阳、唐山、廊坊、济南、南京、泰州、扬州、苏州、上海等

重要能源产品	主要流通通道	涉及城市
油气	川气东送通道	南充、重庆、宜昌、武汉、鄂州、九江、南京、苏州、上海等
	西南油气通道	大理、昆明、玉溪、贵阳、遵义、重庆、泸州、南充、成都等
综合	沿江输送通道	上海、宁波（舟山）、苏州、扬州、泰州、南京、芜湖、安庆、九江、南昌、鄂州、武汉、岳阳、宜昌、重庆、宜宾—泸州等
	沿海油气、煤炭登陆走廊	钦州、湛江、泉州、福州、宁波（舟山）、上海、南通、青岛、天津、盘锦、大连、深圳等

3. 基于重要矿产品原材料流通走廊的支点城市选择

第一，铁矿石（铁矿砂及其精矿）流通走廊，分别是联通渤海港口和河北、辽宁、内蒙古等钢铁基地的通道，联通长三角港口和长江中下游钢铁基地的通道。

第二，铜（铜矿砂及其精矿）流通走廊，分别是中蒙铜矿进口流通走廊，将蒙古国铜矿资源，经甘其毛都、二连浩特等口岸运至内蒙古等加工基地；西藏—西北铜矿流通走廊，将青藏高原铜矿资源运至甘肃加工；沿海铜矿砂及其精矿进口流通走廊，主要将进口铜矿海运至沿海城市加工。

第三，铝（铝土矿）流通走廊，分别是北方走廊，将山西铝土矿运输至内蒙古、新疆，将铝锭运输至江苏等沿海；南方走廊，将云贵地区铝土矿运至珠三角；沿海铝土矿进口走廊，将进口铝土矿运至沿海地区就地加工。

第四，天然橡胶流通走廊，主要将进口自东南亚国家的天然橡胶资源运往沿海港口，在港口周边地区深加工。

基于重要矿产品原材料流通走廊的支点城市候选名单见表7-3。

表 7-3　　　　　基于重要矿产品原材料流通走廊的支点城市候选名单

重要矿产品原材料	主要流通通道	涉及城市
铁矿石（铁矿砂及其精矿）	联通渤海港口和河北、辽宁、内蒙古等钢铁基地的通道	天津、唐山、营口、鞍山、包头、太原等
	联通长三角港口和长江中下游钢铁基地的通道	上海、宁波、苏州、南京、马鞍山、武汉、重庆等
铜（铜矿砂及其精矿）	中蒙铜矿进口流通走廊	二连浩特、巴彦淖尔（甘其毛都）、包头、赤峰、大同等
	西藏—西北铜矿流通走廊	拉萨、日喀则、格尔木、西宁、白银等
	沿海铜矿砂及其精矿进口流通走廊	宁波（舟山）、防城港等
铝（铝土矿）	北方走廊	吕梁、郑州、徐州、石家庄、济南等
	南方走廊	昆明、贵阳、南宁、柳州、广州等
	沿海铝土矿进口走廊	烟台、青岛、日照、湛江、茂名、广州、深圳、苏州、南通、盐城、宁波、杭州、宁德、钦州、防城港等
天然橡胶	天然橡胶流通走廊	海口、昆明、南宁、钦州等及青岛、天津、上海、宁波、厦门、杭州、广州等

4. 基于流通组织基础的支点城市选择

现代流通战略支点城市以我国地级以上城市为候选城市，因此，现代流通业发展基础、组织能力等成为筛选现代流通战略支点城市的重要考量因素。从现代流通内涵、外延，以及现代流通业的组织特征来看，支点城市的选择与地区生产总值，社会消费品零售总额，第二产业增加值，批发和零售业增加值，交通运输、仓储和邮政业增加值等关联紧密。其中，地区生产总值与城市流通规模关系密切，城市经济体量越大，各类商品和货物流通规模就越大；社会消费品零售总额能够体现城市商贸流通规模，一般与城市人口规模和消费水平密切相关；第二产业增加值能够体现城市工业品流通规模；批发和零售业增加值能够体现商贸流通规模及价值创造能力，特别是能够充分体现城市商品跨区域的辐射能力；交通运输、仓储和邮政业增加值能充分体现城市货运物流规模和价值创造能力。

基于 2018—2022 年地区生产总值，社会消费品零售总额，第二产业增加值，批发和零售业增加值，以及交通运输、仓储和邮政业增加值等数据，我们对全国 125 个重点城市进行了定量测算。

第一步，筛选全要素提升型城市，即流通业各类指标位居全国前列的城市。在 125 个重点城市中，对指标平均值处于前 30 位的城市进行取交集处理，筛选出北京、天津、沈阳、上海等 24 个城市。

第二步，在剩余城市中区分消费促进型城市及产业引导型城市。考虑到地方推荐的支点城市多在各省区市流通行业中占据重要地位，因此，这里对支点城市在各地区的占比不予重点考量，而是围绕消费促进型城市、产业引导型城市定义，分别选取批发和零售业增加值、第二产业增加值作为两类城市选择的核心指标。为区分不同城市的重点流通功能，我们参考了区位商计算方法，对支点城市批发和零售业增加值及第二产业增加值在地区生产总值中的占比进行均值标准化处理，结果表明，批发和零售业增加值占比相对较高的城市具有消费促进型特征，第二产业增加值占比更高的城市具有产业引导型特征。经计算，消费促进型城市包括太原、呼和浩特等 33 个城市，产业引导型城市包括廊坊、唐山等 68 个城市，见表 7-4。

表 7-4　　　　基于流通组织基础的支点城市候选名单

全要素提升型（24 个）	消费促进型（33 个）	产业引导型（68 个）	
北京	太原	廊坊	汕头
天津	呼和浩特	石家庄	湛江
沈阳	包头	唐山	珠海
上海	赤峰	保定	柳州

续表

全要素提升型 （24 个）	消费促进型（33 个）	产业引导型（68 个）	
南京	通化	大同	攀枝花
苏州	延吉	长治	宜宾—泸州
杭州	贵阳	临汾	南充
宁波	佳木斯	乌兰察布	遵义
合肥	齐齐哈尔	鄂尔多斯	六盘水
福州	绥化	大连	玉溪
济南	牡丹江	营口	拉萨
青岛	扬州	锦州	渭南
郑州	舟山	大庆	榆林
武汉	厦门	泰州	汉中
长沙—株洲—湘潭	潍坊	淮安	宝鸡
广州	临沂	常州	兰州
深圳	郴州	连云港	酒泉
重庆	海口	嘉兴	庆阳
成都	南宁	衢州	格尔木
西安	钦州	芜湖	玉树
乌鲁木齐	玉林	阜阳	银川
大连	遵义	安庆	吴忠
哈尔滨	毕节	三明	中卫
昆明	大理	南昌	库尔勒
—	西宁	赣州	阿拉尔
—	伊宁	九江	胡杨河
—	喀什	上饶	石河子
—	图木舒克	洛阳	长春
—	金华（义乌）	南阳	辽源
—	铜仁	商丘	南通
—	黔东南	襄阳	徐州

全要素提升型 （24 个）	消费促进型（33 个）	产业引导型（68 个）	
—	兴义	宜昌	温州
—	—	鄂州	泉州
—	—	岳阳	怀化

7.3.3 现代流通战略支点城市布局方案

结合不同方式初步筛选出的支点城市，兼顾国家骨干流通走廊走向和地方建设支点城市的积极性，统筹城市资源禀赋、发展基础、比较优势等，我们确定了三类现代流通战略支点城市布局方案。

1. 综合型现代流通战略支点城市

综合型现代流通战略支点城市是流通发展基础好、流通组织功能强、流通辐射范围广，商流、物流、资金流和信息流高度聚集，三类重要商品骨干流通走廊交会的城市，其在我国现代流通网络建设中发挥着核心支撑作用，在现代流通体系建设中发挥着引领作用，见表 7-5。

表 7-5　　　　　综合型现代流通战略支点城市布局名单

分类依据	城市名单
三类重要商品骨干流通走廊交会（24 个）	北京、天津、唐山—秦皇岛、大连、上海、南京、苏州、连云港—徐州—淮安、杭州、宁波—舟山、厦门、南昌—九江、济南、青岛、郑州、武汉、长沙—株洲—湘潭、广州、深圳、重庆、成都、昆明、西安、乌鲁木齐

2. 复合型现代流通战略支点城市

复合型现代流通战略支点城市具有流通发展基础较好、流通组织能力较强、流通辐射范围较广，商流、物流、资金流和信息流较为聚集等特点，一般位于两类重要商品骨干流通走廊交会地区，见表 7-6。

表 7-6　　　　　　　　　复合型现代流通战略支点城市布局名单

分类依据	城市名单
两类重要商品骨干流通走廊交会（29 个）	石家庄、沈阳、哈尔滨、大庆、南充、福州、潍坊、兰州、酒泉—嘉峪关、格尔木、伊犁州（伊宁）、岳阳、营口、洛阳、贵阳、库尔勒、拉萨、汕头—揭阳—潮州、合肥、芜湖、海口、太原、怀化、湛江、钦州—北海—防城港、宜宾—泸州、西宁、毕节、银川

3. 功能型现代流通战略支点城市

功能型现代流通战略支点城市的流通发展基础相对较好、流通功能相对较完善，商流、物流、资金流和信息流相对聚集，通常有一类重要商品骨干流通走廊途经，见表 7-7。

表 7-7　　　　　　　　　功能型现代流通战略支点城市布局名单

分类依据	城市名单
一类重要商品骨干流通走廊途经（49 个）	保定、锦州、长春、延边（延吉）、齐齐哈尔、佳木斯、泰州、扬州、金华、温州、临沂、商丘、阜阳、宜昌、珠海、南宁、遵义、宝鸡、中卫、廊坊、大同、长治、临汾、呼和浩特、包头、乌兰察布、安庆、泉州、南阳、襄阳、大理、六盘水、榆林、庆阳、石河子、赤峰、通化、三明、黄冈—鄂州—黄石、上饶、赣州、宜春、郴州、攀枝花、玉溪、红河（蒙自）、柳州、渭南、喀什

7.4　现代流通网络建设重点任务

7.4.1　集聚流通资源要素

一是加快推进流通要素集聚发展，营造现代流通战略支点城市流通体系规模化运作和融合创新发展环境；二是推动流通资源空间集聚，优化土地、劳动力、资金、技术、数据等要素市场化配置和供给，发挥国家物流枢纽、国家骨干冷链物流基地、重大商业设施、关键交易平台等重点设施的载体作用，突出存量整合，引导商贸、物流、供应链等重大设施和企业集聚发展；三是促进重大战略区域内部、区域之间流通资源要素集聚整合，加快发展枢纽经济、通道经济、门户经济，引导区域经济循环运行和集聚发展；四是深化流通要素运作集成，推动流通全过程业务联动，搭建数字化、网络化、智能化关键流通平台，完善商品交易、资金、信息顺畅流动软环境，促进商流、物流、信息流、资金流、数据流等要素集聚和高效互动；五是优化生产、消费不同环节流通体系要素结构，促进功能差异化发展，探索特色鲜明的支点城市流通要素集聚路径。

7.4.2 创新流通组织模式

一是积极谋划战略性、综合性流通项目，创新流通组织模式，推进现代流通战略支点城市现代流通体系建设；二是创新现代流通平台化组织，适应现代生产和消费变革，突出产业链供应链整合重点，结合支点城市发展特色，在初级产品流通、工业品流通、农产品流通、小商品消费流通等不同领域探索策划一批综合性流通发展战略项目，加快建设商品要素流通组织关键平台，创新现代流通商流、物流、信息流、资金流、数据流整合方式，集成集中采购、电子交易、供应链管理库存、物流组织、金融结算等服务，推进上下游、产供销、内外贸一体衔接，提高我国流通体系效能；三是推动现代流通网络化运行，强化支点城市的功能互补与业务联系，深入推进流通平台联通对接，促进商贸渠道网络、运输物流网络有机融合，构建跨区域联动、城乡统筹的流通网络运行系统；四是提高现代流通组织智能化水平，加快流通设施智能化、数字化改造，强化流通大数据积累、挖掘，提升产销对接组织能力，发掘消费潜力场景，赋能生产环节。

7.4.3 培育流通龙头企业

一是加快培育国内国际辐射能力强的区域网络型、供应链上下游整合型流通龙头企业，增强市场主体的流通支点城市建设和运行能力；二是支持骨干企业发挥流通资源整合作用，扩大网络辐射范围，创新流通业态、提升竞争能力，形成一批区域性、全国性、国际化流通龙头企业；三是以重大战略项目为抓手，统筹生产、消费全链条，细分初级产品、农产品、工业品、消费品等不同流通领域，培育供应链资源整合能力强的综合性龙头企业；四是发挥骨干企业作用，加强平台化组织、数字化赋能，以商贸渠道网、物流干支网络协同运行为核心，推进大中小企业基于流通供应链、数据链、价值链进行业务对接，构建协同创新、资源共享的流通市场主体新生态。

7.4.4 建设流通设施集群

一是围绕重大流通项目运行，加快推进现代流通战略支点城市流通基础设施集群化建设；二是着力完善交通运输、物流、商贸等流通硬件设施，突出骨干商品交易市场、现代农产品市场、国家物流枢纽、国家骨干冷链物流基地等重点流通设施建设，强化存量资源整合，科学推进增量设施建设，补齐功能设施短板，提高流通载体支撑水平；三是加快提升流通软设施能力，整合或新建大宗商品交易所、电商平台等商流及要素组织平台，推进资金交易结算中心、信用中心等建设，提升信息、金融、信用等服务功能设施能力。

7.4.5 完善流通发展环境

一是鼓励先行先试，探索有利于促进现代流通融合创新、要素流动、公平竞争的发展环境，发挥支点城市示范带动作用；二是着眼商品和要素自由高效流动，降低制度性交易成本，指导支点城市编制统一大市场建设实施方案；三是健全流通要素市场运行机制，在推进商品和要素市场化配置方面发挥表率作用；四是强化竞争政策基础地位，增强公平竞争审查制度刚性约束，加强反垄断和反不正当竞争执法，有效破除地方保护、市场分割和行业壁垒；五是围绕流通要素资源集聚和产业组织需要，争取金融结算、信用等政策支持；六是实施流通领域标准化建设，聚焦托盘流转应用、多式联运以及信息互联等领域，率先实现流通领域规则、标准协调统一和应用示范；七是探索建立战略性流通项目谋划、建设、运行相配套的政策体系，营造支持重大项目供需双侧统筹、跨部门管理协同和跨区域一体化运营的创新发展政策环境。

第八章

助力乡村振兴：塑造适应新发展需要的农村流通体系

农村流通具有串接生产与消费、衔接城市和农村、增强产业链供应链组织效能等基本功能，对畅通城乡经济循环、支撑乡村振兴具有十分重要的作用，是进行现代流通体系建设必须重点研究的问题。近年来，在乡村振兴战略深入实施的背景下，我国农业农村产业体系、生产体系、经营体系建设取得明显进展，但流通体系建设相对滞后，农产品进城与工业品下乡双向循环流通效率偏低、流通成本高企，不利于推进农村地区现代化发展，因此，我们必须深入剖析其中的问题和成因，研究提出农村流通体系建设思路和任务。

8.1 农村流通体系建设存在的主要问题

8.1.1 末端流通设施不足，"最先一公里""最后一公里"流通品质难以保障

农村末端流通设施依然薄弱，导致"最先一公里""最后一公里"商品流通品质难以保障。产业路、资源路等农村功能性公路仍有待完善，产地冷链设施、乡村配送网点等物流设施有待补强。以果蔬、肉类、水产品为例，2022年，发达国家果蔬、肉类、水产品冷链运输率分别高达90%、80%、98%，而我国由于冷链物流设施不完善，特别是缺乏产地预冷设施，果蔬、肉类、水产品的冷链流通率分别仅为15%、57%和69%，导致农产品流通损耗高、流通品质大打折扣。

8.1.2 农产品种植组织化程度偏低，流通成本高企，农民获利微薄

我国农村人口规模依然庞大，近年来虽然持续推动农村土地流转、开展农业合作社种植，但小作坊、各守一亩三分地的种植模式依然普遍存在。截至 2023 年年底，我国乡村常住人口 4.8 亿人左右，农村劳动力约 3 亿人，大量农村从业人口客观上决定了我国农产品种植组织的分散化。在农产品收购、中转、销售等流通环节，农产品进城渠道不畅、环节过多，增加了农产品流通成本，抬高了农产品消费价格，而留给农民种植环节的收益却非常有限。流通成为农产品进城的主要成本环节。

8.1.3 流通支撑不够，农村产业价值难以留在农村、留给农民

全产业链发展流通条件的缺乏，导致以农业农村资源为依托的二、三产业倾向于向城市布局，二、三产业的产业链主体很难留在农村，产业链增值收益较少留在农村。有关资料表明，2022 年发达国家农业总产值与农产品加工业产值之比为 1∶3~1∶4，加工食品占食物消费总量的比例约为 80%，而我国农业总产值与农产品加工业产值之比仅为 1∶2.5 左右，加工食品占食物消费总量的比例约 30%，大多数农产品未经加工或仅经过简单的粗加工就进入消费市场，产业价值很少留在农村、留给农民。

8.1.4 农产品流通模式与新消费需求不匹配，影响供需精准对接

受互联网经济影响较大的"80 后"、"90 后"和"00 后"群体正逐渐成为我国城市农产品消费的主力军，新消费群体已高度适应并会选择电商、团购、直播等渠道购买农产品，传统的农产品"产地—商贩——一级批发市场—农贸市场—终端消费者"流通模式已不适应当前的消费模式升级需求，影响了供需精准对接，高效、便捷的新消费习惯要求加快提升我国农产品流通品质。

8.2 农村流通体系建设滞后的原因分析

8.2.1 流通资源缺乏统筹整合，导致流通网络运行效率低、成本高

当前涉及农村流通的各行业管理部门均从各自职责角度出发，持续加大对农村流通设施建设的支持力度，但相互之间缺乏必要的统筹协调，导致快递、电商等系统在农村均有一套自成体系的设施网点和运行网络，这与我国农村分散居住、分散生产、分散消费的基本特点不符，供需极不匹配，资源浪费较为严重，流通网络运行效率低、成本高。

8.2.2 农村流通需求低频率和农产品产销季节性问题导致农村流通基础设施使用率偏低

我国农村地区地域辽阔、地广人稀，特别是中西部地区的农村地区，农村人口更少。以快递为例，其配送密度远不如城市，这在客观上导致了农村快递物流等成本居高不下。近年来农业农村部支持新建了一大批产地冷链物流基础设施，加快补齐了农产品产地"最先一公里"冷链物流基础设施短板，但调研发现，产地冷链物流基础设施使用率较低，这在客观上造成了冷链物流基础设施投资回报率偏低的情况，致使市场主体进一步投资农村流通基础设施的意愿不强。

8.2.3 农产品流通体系政府参与度普遍不高，导致农村流通体系组织化程度偏低

农产品流通领域是我国市场化程度较高的流通领域，在农产品种植源头，农民依然是"靠天吃饭"，虽然部分地区采取了农业合作社模式，政府适度引导农民种植，但当农产品价格下跌时，农民卖菜难、卖果难问题仍经常发生，仅靠产地政府难以应对市场波动。在农产品流通环节，批发交易市场、冷链物流、农产品电商平台等关键设施，多数由市场经营主体出资兴建或经营，政府普遍参与度不高，难以在突发情况和价格波动时对市场进行有效调控。

总体上，农村流通全链条政府参与度不高、控制力不强，这也在一定程度上制约了我国农村流通体系建设。

8.3 优化农村流通体系意义重大、十分迫切

8.3.1 共同富裕、消费升级的"机遇"和"瓶颈"在农村，农村流通体系建设尤为重要

进入新发展阶段，城市居民对农产品消费数量和质量要求升级明显，农村居民对工业品的消费能力和消费规模持续提升，双向规模化物流供需适配格局正在形成。推动共同富裕短板和"瓶颈"在农村，农产品提质增效和工业品扩大销售的希望也在农村，无论是企业还是政府部门，都必须调整以应对为主的农村流通解决方案思维，从城乡生产、消费、流通大循环层面，抓住新的发展机遇，从城乡产业链供应链一体化运行出发，在构建农村流通体系层面寻找答案，探寻农村、城市共同走向富裕的新路径。

8.3.2 强大内需市场和消费升级对优化农村流通体系提出迫切要求

当前内需已成为我国经济增长的主要动能，我国超大规模经济在农产品流通领域初显。2022年我国粮油、食品类商品零售类值累计值1.87万亿元，疫情下逆势增长8.7%，创历史新高。其中，农产品网络零售额突破5000亿元，增速高达9.2%，农产品消费增速已超过社会消费品零售总额增速，农产品网络销售增速也超过了电商行业平均水平，显示出巨大的增长潜力。强大的内需市场和消费升级对打造城乡双向流通体系提出了新要求，只有打造高效率、低成本的城乡双向循环农村流通体系，才能将更多优质农产品销往城市以及将工业产品销往广大农村地区。

8.4 构建城乡双向循环农村流通体系

一是适应城乡生产和消费需要，我国亟待构建运行高效、结构完善的城乡双向循环农村流通体系，强化顶层体系架构。二是适应我国城乡二元结构

特点，我们应坚持系统观念和问题导向原则，以畅通城乡经济循环为根本出发点，以串接生产与消费、衔接城市与农村、完善产业链供应链组织为基本功能，以流通企业、流通网络、流通设施和流通发展环境建设为主要抓手，涵盖城乡统一大市场、城乡商贸、城乡物流、农村交通、流通金融和流通信用等现代流通体系各领域，构建城乡双向循环、能力强大的农村流通体系，促进物流、商流、资金流、信息流在城乡、工农间高效流动，着力提高农业农村流通效率、降低流通成本，并通过流通来引导生产、诱发消费机制，为扩大农业生产、提高农民收入、释放农村消费潜力、提升农民生活水平提供有力支撑。城乡双向循环农村流通体系整体架构如图8-1所示。

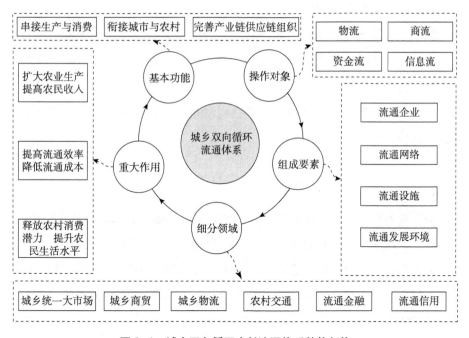

图 8-1　城乡双向循环农村流通体系整体架构

8.4.1　加快形成农村流通体系建设合力

加快形成农村流通体系建设合力，应当积极营造农村物流与流通主体创新合作的环境，激发各类市场主体活力，推动企业向低网络密度的农村物流供应链价值生态创造转型，实现整条产业链供应链利润的合理分配，打造以"链"为中心维护物流运行稳定性和降本增效的现代农村流通新生态。

第一，农村应跳出种植养殖、流通和消费各个环节各自为战的落后的生产、流通思维，加大农村物流与流通体系重构的改革力度，为农产品生产深度嵌入城乡流通与现代物流体系奠定生产组织基础。

第二，服务农村物流与流通的各类企业，应在积极承担社会责任的同时，尊重农村物流发展和运行规律，遵循产业链、供应链协同营利新途径，创新全链条运行技术、业态和模式，通过整合各类企业网点设施资源，共建、共享、共用农村物流运行服务和基础设施，最大限度优化农村物流网络结构，提升农村物流全网运行效率。

第三，统筹下行农资和工业品物流，加快与上行农产品物流网络运行共享，提高双向物流运行效能和密度，从而走出一条既能适应大农场、大生产物流与流通需求，又能匹配山区小农业、小作坊的精品农产品生产与消费需求，与我国城乡生产消费升级、推进共同富裕以及农业农村加速现代化相适应的新路径。

8.4.2 加快补齐农村流通基础设施短板

加快补齐农村流通设施短板，应当聚焦交通运输、物流、商贸三大领域。

第一，深入实施"四好农村路"示范创建，以产业路、资源路为重点，有序推进乡镇通三级及以上等级公路、较大人口规模自然村（组）通硬化路，实施农村公路安全生命防护工程和危桥改造，稳步推进农村公路管理养护体制改革试点工作。

第二，加快完善农村物流快递网点布局，实施"快递进村"工程，鼓励发展"多站合一"的乡镇客货邮综合服务站、"一点多能"的村级寄递物流综合服务点，推进县乡村物流共同配送，促进农村客货邮融合发展。

第三，推动冷链物流服务网络向农村延伸，推进农产品产地仓储保鲜冷链物流设施建设，促进合作联营、成网配套。

第四，推动公益性农产品市场和农产品流通骨干网络建设，支持供销合作社开展县域流通服务网络建设提升行动，建设县域集采集配中心。

8.4.3 完善城乡双向辐射的流通服务网络

完善城乡双向辐射的流通服务网络，应当围绕农产品上行和消费品下行双向辐射，着力构建县域流通网络，整合健全"县—乡—村"三级流通网络，并通过对接全国流通骨干网络设施，实现更大范围的流通辐射。

第一，建设完善的县域物流快递体系，对接国家物流枢纽，畅通综合物流服务网络。

第二，建设完善的县域冷链物流体系，对接国家骨干冷链物流基地，畅通冷链物流服务网络。

第三，提升县域综合交通运输服务体系，对接国家综合货运枢纽（城市），畅通交通运输服务网络。

第四，整合完善县域商业网点、消费中心资源，对接国家现代流通战略支点城市，提升综合流通网络水平。

8.4.4 推动农产品流通新模式发展

推动农产品流通新模式发展，应当鼓励各类市场主体创新发展基于互联网的新型农产品流通模式，加快推进农村流通现代化。

第一，鼓励农村消费品、农资经销企业、快递企业进行业务对接，利用农产品上行流通渠道反向开展工业品消费品下乡，并大力发展农村共同配送，以实现农村消费升级和农村基本服务均等化。

第二，规范直播培训、强化电商孵化，发展新型农村电子商务，拓展农民增收致富渠道。

第三，搭建全国农产品产销对接信息平台，主动抓取农产品电商、商超、快递、终端消费者数据，实现农产品供需精准预测，引导全国农产品种植结构优化，提升我国农产品种植宏观调控水平。

第四，促进农产品直销等新流通模式发展，强化农村产业链供应链协同，培育壮大农产品流通新经济。

8.4.5 培育壮大农村流通市场主体

培育壮大各类新型农村流通企业，应适应农村流通体系重构要求。

第一，鼓励拼多多等龙头电商企业和顺丰、"三通一达"等龙头快递企业强强联合，入驻区域农产品流通组织中心，开展农产品上行的组织化和规模化运作，促进农产品电商快递行业进一步扩张。

第二，推动叮咚买菜等农产品自营电商平台通过区域农产品流通组织中心对接产地，促进其进一步做大做强。

第三，加大对盒马鲜生、七鲜生鲜等线上线下一体的农产品新零售企业的支持力度，鼓励其与原产地深度合作，打造我国农产品品牌，满足国内消费升级的中高端农产品需求。

第四，鼓励城市农产品批发市场、农贸市场等传统流通经营主体进行互联网、数字化升级改造，加强物流功能完善，强化分拣配送等服务功能，利用外卖、跑腿平台拓展线上销售，适应居民多样化的消费需求。

第五，鼓励大型商场、实体连锁生鲜店拓展线上销售渠道，实现线上线下一体化发展，推动连锁餐饮企业建立中央厨房，拓展速冻、半成品菜品的店铺自取和社区配送，主动适应消费升级新需求。

8.4.6 持续优化农村流通发展环境

持续优化农村流通发展环境，应当营造有利于农村流通发展的良好环境，充分发挥流通串接生产消费、衔接城市农村、创新产业链供应链组织的功能和作用。

第一，加快落实保障和规范农村一、二、三产业融合发展的用地政策，为流通企业开展跨业经营创造条件。

第二，消除地域歧视和区域保护性政策，支持流通企业发展跨地区流通网络。

第三，破除资金、技术、人才等生产要素向农村投入的政策性制度性障碍，有序引导城市力量开展农村流通经营。

第四，完善农产品价格形成机制，逐步消除城乡收入差距，提高农民消费能力和农村就业吸引力。

8.5　重塑生鲜农产品流通体系

生鲜农产品流通与人民群众生活息息相关，其流通效率和质量在一定程度上决定了居民生活品质，构建生鲜农产品流通体系对满足人民对美好生活的需要具有重大现实意义。新发展格局下，生鲜农产品流通逻辑已发生重大变化，我们必须适应变化，重塑生鲜农产品流通体系。

8.5.1　生鲜农产品流通体系重塑方向

重塑生鲜农产品流通体系，核心是由传统的相对分散的运作向国内国际双向循环和高度组织化的运作转变升级，关键是通过打造服务国内、畅联全球的生鲜农产品流通网络，高效串接生鲜农产品种植、加工、流通、消费各环节，实现生鲜农产品高效流动。其中，各类服务平台应发挥良好的信息对接、交易撮合、物流组织、资源整合等作用，实现供需各方规模化、高效化匹配。此外，政府部门的政策支持、现代科技对生鲜农产品流通的赋能、行业治理水平和能力的提升等，均是生鲜农产品流通高效运行的重要保障。

1. 促进生鲜农产品供需大规模精准适配

新发展格局下的"国内大循环"是国内各个地区、国民经济各个产业部门互为供需的经济运行系统，"国内国际双循环"则是国内大循环系统与国际循环系统高效衔接的运行系统。适应新发展格局下资源要素的跨区域自由流动，要有效配置资源，畅通市场大循环。在新发展格局下，生鲜农产品流通运行核心是依托全国统一、高效的生鲜农产品流通大市场建设，利用现代科技手段，发挥各类平台作用，通过流通的规模化、平台化、组织化运作，将生鲜农产品流通相关的各方有机串接起来，从而实现生鲜农产品流通全链条各环节供需的高效匹配。在此基础上，发挥生鲜农产品全链条传导机制作用，通过供需各环节的需求集成和集中运作，最终实现供需各环节的大规模精准适配，从而系统性提升生鲜农产品流通效率。

2. 推动生鲜农产品流通国内国际双向循环畅通

推动生鲜农产品流通国内国际双向循环畅通，应当利用庞大内需市场对生鲜农产品的流通需求，依托我国作为全球最大的肉类、水果等进口国家，以及大规模出口蔬菜、水果、水产品的良好基础，构建内畅外联的生鲜农产品流通网络和运营体系，从而实现生鲜农产品的国内国际高效流通。

一方面，以国家骨干冷链物流基地、全国骨干农产品批发市场、产销冷链集配中心、境外冷链物流节点为核心开展国内国际物流基础设施网络建设，引导生鲜农产品向枢纽节点规模集聚，为大规模生鲜农产品国内国际流通提供基础设施支撑。

另一方面，利用现代运输物流组织方式，发挥物流信息平台的撮合作用，依托国内国际物流通道网络进行规模化的生鲜农产品物流运作，国内重点通过冷链班车、冷链班列等方式，国际重点通过中欧班列、国际航空货运、跨境公路班车等方式，实现国内国际双向规模化的冷链物流运作，更高效地衔接国内国际生鲜农产品生产和消费，促使我国高质量融入全球生鲜农产品流通网络。

3. 加快实现生鲜农产品城乡双向高效流通

广大农村地区是我国生鲜农产品的主要供应地，城市则是主要需求地，供需的空间分离和巨大不平衡，使传统模式下我国生鲜农产品流通具有显著的单向性，即主要从农村向城市流动，反向运输的高空驶率增加了农产品流通成本。

一方面，我国生产力将根据供需适配需要和综合成本比较优势进行优化布局，增量生鲜农产品和食品加工产业的布局重构将改变传统单向的生鲜农产品流通模式，相关产业将布局在产地和销地之间综合要素成本最低的区域，大量生鲜加工食品也将反向销往农村地区。

另一方面，党的二十大报告指出，中国式现代化是全体人民共同富裕的现代化。我国农村人口数量依然庞大，农村现代化将成为我国现代化建设的重点领域，广大农民迈向现代化将对国内及进口高品质生鲜农产品产生巨大的增量需求，大量高品质生鲜农产品将流向广大农村地区，从而必将促进新发展格局下生鲜农产品城乡双向流通运行更加均衡。

4. 通过各类主体交互赋能，构筑生鲜农产品流通生态

生鲜农产品流通涉及地域广、主体多、品类丰富、链条长，这在客观上使我国生鲜农产品的流通运作相对分散。在新发展格局下，通过现代科技赋能，生鲜农产品流通企业将加快转型升级步伐。

一方面，生鲜农产品电商、物流供应链服务等平台型流通企业，依托覆盖全国的服务网络和高效撮合能力，发挥技术优势，通过整合资源线上线下，为中小生鲜农产品流通企业进行数字化赋能，将提升中小企业市场开拓与综合竞争力，实现平台驱动下的各类流通企业协同发展。

另一方面，农产品批发市场、连锁超市、社区团购等主体将通过产地直供、农商对接等方式，推动生鲜农产品产地、生鲜食品加工企业和终端消费主体有机衔接，加快打通生鲜农产品从产地到销地的堵点环节，大幅减少生鲜农产品流通中间环节，使生鲜农产品流通各环节主体形成更加紧密的合作关系，共同构建合作共赢的产业发展生态。

生鲜农产品流通体系整体框架见图 8-2。

8.5.2 重塑生鲜农产品流通体系是工作重点

我们必须通过完善生鲜农产品流通基础设施网络、构建大中小企业生态、强化科技赋能和政府政策支持等，加快构建适应新发展格局的生鲜农产品流通体系，为我国现代化建设和满足人民美好生活需要提供有力支撑。

1. 完善生鲜农产品流通骨干基础设施网络

完善生鲜农产品流通骨干基础设施网络，应当立足国内国际双向相对均衡的大规模生鲜农产品流通组织运作需要，加快建设服务生鲜农产品交易、集散、物流、流通加工、进出口组织的核心基础设施，通过资源整合共享构建生鲜农产品流通骨干基础设施网络。

第一，升级农产品交易市场，围绕主要产地、集散地和销地的农产品批发市场和交易市场，加快完善流通加工、冷库、分拣等配套设施，形成以骨干农产品批发市场等为核心的交易设施网络。

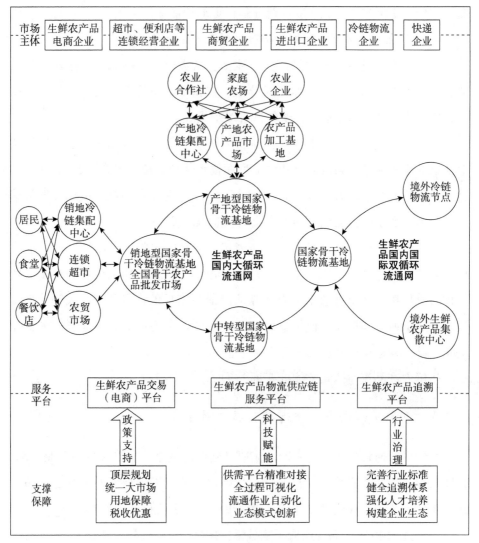

图 8-2　生鲜农产品流通体系整体框架

　　第二，加大骨干冷链物流基地、产销冷链集配中心、城郊大型公共冷库等重点冷链物流设施建设，配置自动化立体分拣系统，提高生鲜农产品冷链处理率和生鲜农产品流通品质，提升生鲜农产品冷链存储与分拣效率。

　　第三，加快境外生鲜农产品集散中心、冷链物流中心和港口冷链物流设施建设，与国内冷链物流基础设施协同联动，促进国内国际生鲜农产品双向高效流通，支撑我国加快融入全球生鲜农产品流通网络，提升国际生鲜农产品流通全链条组织能力和控制力。

第四，加快建设生鲜农产品预冷预处理、中央厨房、冷冻食品和预制菜加工基地配套冷库等设施建设，适应生鲜农产品加工和流通模式创新需要，更好地满足多样化生鲜农产品和冷链食品流通需求，支撑生鲜农产品供需扩张；同时，加强各类生鲜农产品流通设施互联互通、共享共用，为城乡、国内国际大规模双向流动提供基础设施支撑。

2. 推动科技赋能生鲜农产品流通

现代科技在流通领域的不断应用，显著提升了生鲜农产品流通效率，成为生鲜农产品流通的显著时代特征，未来应持续加大科技在生鲜农产品流通领域的应用。

第一，对传统生鲜农产品流通基础设施进行数字化、智能化升级改造，推动农产品批发市场电子结算、生鲜农产品物流作业自动化和智能化，提高生鲜农产品流通效率。

第二，推动农贸市场、连锁超市、生鲜店等积极拓展线上渠道，丰富生鲜农产品消费场景，利用即时配送等物流服务体系实现线上线下融合发展，提高生鲜农产品直达终端用户的便捷性。

第三，利用移动互联网、物联网、大数据发掘生鲜农产品消费潜能，主动引导订单农业发展，实现生鲜农产品供需的精准匹配，释放生鲜农产品流通大数据价值。

第四，培育壮大"生鲜电商+冷链宅配""中央厨房+冷链共配""中央厨房+连锁餐饮门店""生鲜团购+到家服务"等新模式，扩大生鲜农产品消费供给，推动生鲜农产品消费提质扩量，提升生鲜农产品流通全链条组织化水平。

3. 打造生鲜农产品流通企业生态

打造生鲜农产品流通企业生态，应当适应生鲜农产品国内国际大规模高效流通需要，推动生鲜农产品流通企业通过资源整合、收购、股权合作等方式，加快在主要产地、集散地和销地进行基础设施与业务运营网络布局，打造一批网络覆盖广、运营能力强、服务效率高的网络型龙头生鲜农产品流通企业，使其不断拓展境外生鲜农产品采购，加强境外分销与冷链物流服务网络建设，成为我国参与国内国际生鲜农产品流通的主力军；顺应生鲜农产品流通业态模式变革需要，发挥电商、社区团购等线上服务效率和成本比较优势，打造一批平台型龙头生鲜农产品流通企业，满足城乡多样化的生鲜农产品需求；鼓励龙头企业发挥基础设施、业务平台和运营网络优势，吸引各类专业型、中小型生鲜农产品企业入驻或业务合作，为中小微生鲜农产品流通企业提供供应链、数字化、交易结算、金融等个性化解决方案和数字赋能，深化各类企业之间的业务合作，形成合作、互利、共赢的生鲜农产品流通企业生态。

4. 强化生鲜农产品流通政策支持

生鲜农产品与百姓生活息息相关，其流通组织水平的高低事关居民生活品质，为确保生鲜农产品流通高效率、低成本、高品质运行，政府应在用地、税收、资金、营商环境等方面给予政策支持。

第一，对公益性农产品批发市场、农贸市场、国家骨干冷链物流基地、公共冷链集配中心和产地冷库等服务生鲜农产品流通的重要基础设施，应保证用地指标并给予用地成本优惠，从源头上提高生鲜农产品冷链处理率。

第二，优化生鲜农产品税收政策，重点完善生鲜农产品增值税抵扣政策，逐步免征生鲜农产品流通环节的增值税，减轻生鲜农产品流通环节税负，降低生鲜农产品流通税负成本。

第三，政府可通过设立专项资金或产业发展基金等方式，支持建设公益性农产品批发市场、大型公共冷库等重点设施，有效缓解相关设施前期建设资金压力。

第四，进一步优化生鲜农产品流通营商环境，落实好鲜活农产品运输"绿色通行"政策，全面推进产地预冷，产地冷库执行农业用电价格，切实降低生鲜农产品流通各环节成本。

第九章

引领贸易强国：提升流通体系国际化发展水平

党的二十大报告提出"推进高水平对外开放""加快建设贸易强国"战略要求，改革开放的伟大实践也证明，唯有坚持对外开放，持续畅通国际贸易渠道网络和流通循环，才能深度融入全球产业链供应链合作，为中国经济发展带来更广阔的发展空间。建设现代流通体系，有利于国内国际商品大规模高效流动，是将我国建成贸易强国的重要支撑。现代流通体系建设，应强化物流、交通、金融等支撑和服务保障能力，服务国际大规模商品流动，完善全球分销渠道网络，加快国际贸易升级，补齐国际物流设施网络短板，提升国际物流综合服务能力，培育龙头国际流通企业，构建企业协同发展生态，全面提升国际化发展水平。

9.1 现代流通体系与我国建设贸易强国的关系

现代流通高效衔接生产、服务消费，在国民经济运行中具有至关重要的支撑和纽带作用。现代流通体系通过对接国内商品流通与国际商品流通两大子系统，能打通国内国际商品流通循环堵点，进一步推动国际贸易与国内贸易全方位衔接，形成内外贸一体化发展局面，对助推我国由贸易大国向贸易强国迈进作用巨大。

9.1.1 现代流通体系的内涵

流通是国民经济的重要组成部分，在传统流通向现代流通的转型升级过程中，流通体系的内涵和产业指向也在不断演进。党的十八大以来，党中央、国务院各部门陆续出台多项涉及流通相关内容的文件。2020年9月，习近平总书记主持中央财经委员会第八次会议时专题研究了现代流通体系建设问题，围绕交通运输、信用、金融、商贸、物流、统一大市场等重点领域进行了系统部署，为我国现代流通体系建设指明了方向。2022年1月，现代流通领域首个国家级专项规划——《"十四五"现代流通体系建设规划》正式发布，极大地促进了我国现代流通体系建设的理论研究和实践探索。对既有研究成果加以综合，我们可以认为，现代流通体系是以统一大市场为依托，以流通企业为主体，以物流、商贸基础设施为载体，以交通运输、信用、金融、信息等为保障，通过现代科技和治理方式赋能，实现商品和要素顺畅高效流转、生产和消费紧密衔接的经济活动系统。

9.1.2　时代发展提出建设贸易强国的要求

近年来，在经济全球化持续推进和超大规模国内市场持续扩张的带动下，我国货物进出口贸易规模持续扩大，特别是在新冠疫情全球蔓延背景下实现了逆势增长，国际贸易规模扩大，贸易结构优化，商品附加值提升，助推了我国贸易强国建设提速。党的十八大以来，在"一带一路"倡议等的带动下，我国全球第一大贸易国地位进一步稳固，货物贸易进出口总额全球占比已从2012年的10.4%提升到2020年的13.1%，增幅居排名前五位的国家之首；从贸易结构看，我国高技术产品出口额占货物贸易进出口总额变化率为0.86%，同样居全球排名前五位的国家之首，见表9-1。

党的二十大报告提出要加快建设贸易强国，在中国式现代化建设新征程中，我国由贸易大国向贸易强国迈进，需要实现多个转变：一是从商品自身角度，通过产品生产工艺升级和加大研发投入，以及商品品牌打造，提升产品品牌影响力和市场溢价；二是从国际贸易结构角度，出口商品从以附加值相对较低的低端产品为主，逐步向附加值更高的中高端商品过渡，通过优化贸易结构，占据中高端商品国际市场主导地位；三是从商品国际流通角度，通过建立覆盖全球的渠道网络，构建畅联全球的物流供应链服务体系，提升国际供应链控制力；四是从贸易企业角度，推动龙头商贸企业加速"出海"，

表 9-1　　　　党的十八大以来全球贸易大国外贸变动情况①

2012 年				2020 年						
排序	国家	货物贸易进出口总额（亿美元）	全球占比（%）	高技术产品出口额（亿美元）	排序	国家	货物贸易进出口总额（亿美元）	全球占比（%）	全球占比变化率（%）	高技术产品出口额（亿美元）	占货物贸易进出口总额变化率（%）
1	美国	38822	10.4	1405	1	中国	46559	13.1	2.70	6901	0.86
2	中国	38671	10.4	5398	2	美国	38319	10.8	0.34	1406	0.05
3	德国	25560	6.9	663	3	德国	25543	7.2	0.31	712	0.19
4	日本	16844	4.5	825	4	日本	12768	3.6	−0.94	609	−0.13
5	法国	12431	3.3	999	5	荷兰	12697	3.6	0.23	1129	0.85

完善全球分销和配送网络，实现国际化流通企业做大做强，从而提升商品全球流通全链条的参与能力和价值获取能力。

9.1.3　现代流通体系与贸易强国的关系

1. 国际贸易是现代流通体系的重要领域

按照贸易在全球发生地区的不同，一国贸易活动总体上分为国际贸易和国内贸易，国际贸易是进行跨国商品交换，实现这一过程一般需要经过国内交易和国际结算，实体商品贸易还需要通过国际物流等过程来完成。因此，国际贸易的实现以国际商品交易为核心，同时需要国际金融结算、国际物流、国际信用以及国家对外贸易等政策的有力支撑，是现代流通体系的重要领域。从现代流通体系的构成看，商贸流通是现代流通最为核心的内容，并通过商流带动物流，产生交易结算和信息交换，使商流、物流、资金流、信息流"四流合一"成为现代流通的重要表现形式。国际贸易作为商贸流通的重要组成部分，是现代流通体系的重要环节，是国际范畴下的现代流通。

---

① 数据来源：世界贸易组织官方网站，其中，高技术产品出口额是电子数据处理和办公设备、电信设备、集成电路和电子元件出口额总和。

2. 现代流通体系对贸易强国建设具有极强的支撑作用

现代流通体系是一个复杂系统，现代流通体系所包含的统一大市场等营商环境，商贸市场、物流园区等流通基础设施，金融、信用等支撑要素，均与贸易强国建设有密不可分的关系。建设现代流通体系，能够强化对我国贸易强国建设的支撑作用。一是建设现代流通体系将进一步强化交通、物流等基础设施能力，对大规模货物跨国运输提供保障；二是建设现代流通体系将提升跨境结算服务能力，完善金融对国际贸易的保障能力；三是建设现代流通体系将参与国际流通规则、标准制订（修订），促进国际贸易运作更加规范；四是建设现代流通体系还将形成各类流通企业差异化发展生态，推动国际贸易、国际物流等不同类型企业互促发展，从而形成多层次国际贸易市场主体。

9.2 贸易强国对现代流通体系建设的要求

9.2.1 服务构建新发展格局，更高水平地参与国际经济循环

构建新发展格局不仅要畅通国内经济循环，更要通过广泛参与全球货物贸易和物流组织，更好地融入全球经济循环，推动国内国际双循环相互促进。新发展格局下，无论是国内商品流通还是国际商品流通，均需要现代流通作支撑。特别是在国际贸易领域，我国现代化强国建设将推动出口商品不断迈向全球价值链中高端，并大规模进口国际高品质消费品以满足国内消费升级需要，这对国际流通提出了更高要求。我们必须推动商品更好地参与全球市场流通，实现国内流通与国际流通的循环对接。

9.2.2 支撑国际贸易高质量发展，发挥先行引领作用

党的二十大报告提出，高质量发展是全面建设社会主义现代化国家的首要任务。我国经济进入高质量发展阶段，经济增长动能、国内外需求趋势、生产力布局和城乡空间结构发生重要变化，国际贸易作为国民经济的重要组成部分，理应主动适应新变化新趋势，实现高质量发展。现代流通作为衔接

生产和消费、畅通国民经济循环的重要环节，作为衔接国内国际消费市场、满足我国人民美好生活需要和世界人民共享发展成果的必要手段，必须在推动国际贸易高质量发展中发挥先行引领作用。

9.2.3　立足供给侧结构性改革，促进国内国际供需高水平适配

建设现代流通体系能够加快提升商品、信息和资金流转效率，有效打通市场壁垒和循环堵点，拓展产品供给的深度和广度，加速释放超大规模国内市场潜能，更高效率满足国际市场需求。现代流通通过对接生产和引导需求，能够重构现代农业、生产制造的产业组织方式，提高产业供应链服务水平，对于有效优化供给，作用巨大。我们应立足供给侧结构性改革，加快建设内畅外联的现代流通网络，促进国际国内"两个市场""两种资源"在更大范围、更高水平实现供需适配，进而推动全球经济持续增长。

9.2.4　借助现代科技赋能，推进国际流通业态模式创新

当今世界大数据、大模型、云计算、物联网、区块链等现代科技发展不断向前，在全球新冠疫情蔓延导致传统国际贸易受阻的背景下，现代科技为国际贸易发展带来新动能。流通领域广阔的市场空间为现代科技应用提供了现实场景，流通现代化发展步伐提速，推动了跨境电商、直邮直购、市场采购贸易等国际流通新业态的创新发展。同时，在流通大数据的累积下，利用现代流通大数据精准开展消费者画像，并将市场需求有效传导至生产端，有利于形成更高水平的有效供给，促进产业高质量扩张发展，这又进一步对国际流通业态模式创新提出了更高要求。

9.3　引领贸易强国建设的现代流通体系建设任务

9.3.1　完善国际流通软硬环境

1. 完善国际流通软环境，推动资源要素向国际国内高效流动

第一，适应现代流通发展市场化程度较高的特点，重点营造有利于商品

国内国际流通的市场环境，健全流通要素市场运行机制，完善金融、征信、通信等支撑商品交易、资金和信息流动的软环境支撑系统，推进强大国内市场的潜能释放，为扩大全球资源要素进口提供广阔的国内市场空间。

第二，规范市场竞争秩序，营造良好市场化法治化国际化营商环境，为进口商品在国内高效流通创造良好市场环境。

第三，围绕满足国内人民美好生活需要的高品质消费品等领域，适度放宽市场准入，扩大优质商品进口，促进市场有序竞争，为国内国际商品流动营造良好环境。

2. 加强国内国际流通标准与规则衔接，促进商品进出口扩量

第一，借鉴国际流通标准规则制定方面的经验，加快完善我国流通标准规范体系，推动与国际标准规范优先接轨，为扩大我国优势产品出口提供便利。加大对国际流通标准的采用力度，鼓励中介组织发挥行业推动作用，推动骨干流通企业和国际化流通企业发挥引领示范作用，率先采用国际标准，促进我国流通企业更好开展国际业务。

第二，推动流通领域基础设施、载运工具、集装设备、票证单据、作业规范等标准优先与"一带一路"合作伙伴互联互认，扩大我国与相关国家和地区贸易规模。

第三，依托相关行业协会等组织，积极开展国际流通标准研究工作，通过国际行业组织、国际合作组织等渠道平台宣传推介我国流通优势领域的规则和标准，为商品进出口提供便利支撑。

3. 完善国际流通金融环境，便利国际交易结算

第一，有序推动国内外金融基础设施等互联互通，提高我国金融机构接入 SWIFT（国际资金清算系统）的水平，提升我国金融机构国际结算能力。

第二，进一步完善 CIPS 功能，与全球主要金融结算系统对接合作，扩大全球覆盖网络，为国际商品交易提供更便捷的结算服务。此外，还要持续拓宽 CIPS 境外业务覆盖网络，更好地服务我国流通企业国际化发展，推动我国企业广泛参与全球采购、分销等供应链环节。

第三，依托龙头银行境外渠道网络，为各类流通企业在境外拓展分支机

构、业务经营网络提供国际金融支持。

4. 补齐国际交通基础设施短板，提升国际物流的交通承载力

第一，围绕内畅外联现代流通体系建设要求，推动畅联国际的交通基础设施建设；加强沿海枢纽港口自动化升级改造，强化与"一带一路"合作伙伴共建港口基础设施和合作运营，构筑面向东盟、中亚、非洲、欧洲等地区的国际港口设施网络，提升国际海运服务能力。

第二，推动沿边地区跨境公路铁路、跨河大桥等基础设施建设，提升国际陆路多式联运承载力。

第三，强化国际航空货运枢纽建设和升级改造，加强与境外航空货运枢纽合作，为大规模国际航空货运组织提供有力支撑。

9.3.2 升级国际商贸流通系统

1. 拓展全球渠道网络，延伸国际流通链条

第一，发挥我国作为世界第一大货物贸易国优势，以龙头外贸企业为主体，鼓励其在境外构建分销渠道网络，拓展市场营销、零售等环节，延伸国际贸易服务链条，提升我国外贸价值创造能力；推动我国商超、连锁经营企业重点在"一带一路"沿线国家和地区建设境外商业综合体、中国商品城、展示交易中心等实体商业设施，与外贸企业携手推动中国商品"出海"，为我国扩大商品出口拓展新空间。

第二，围绕我国大宗商品、高品质消费品大规模进口需求，鼓励企业在境外设立直采直购基地，利用海运、中欧班列、货运包机等方式，扩大境外商品进口，实现进出口双向均衡扩张，不断满足庞大国内市场需求。

2. 注重现代科技赋能流通，推动国际贸易业态模式创新

第一，发挥线下消费体验和线上消费便捷双重优势，重点加大线下实体商业数字化升级改造力度，搭建线上交易平台，推动内外贸线上线下融合发展。

第二，把握全球移动互联网、物联网发展契机，大力发展跨境电商、海外直购等国际贸易新业态，推动高品质、高附加值商品扩大进出口规模，培育国际贸易新增长点。

第三，充分用好国内自由贸易试验区、综合保税区、跨境电子商务综合试验区、市场采购贸易方式试点、中国国际进口博览会、中国进出口商品交易会等对外开放平台，发展保税展示交易，创新便利通关模式，多渠道扩大进出口规模。

3. 挖掘流通大数据价值，推动国际商品流通精细化发展

第一，依托各种国际贸易渠道方式所积累的关于商品品类、规格、数量等方面的大数据，以及不同国家和地区的商品进出口差异化数据，开展大数据分析。一方面，引导出口商品生产商根据不同国家和地区的消费特点和需求结构，精细化组织商品生产，发展个性化定制，满足全球差异化的市场需求。另一方面，基于不同国家和地区的出口商品消费数据，有针对性地开展境外商业网点布局和市场营销，精准扩大我国商品出口。

第二，依托龙头跨境电商平台，通过整合国内消费大数据，超前进行需求分析与预测，精准开展进口商品备货、消费者画像和市场营销，不断满足我国人民对高品质进口商品的需求，提升人民生活品质。

9.3.3 提升国际物流服务能力

1. 加强境内外物流基础设施建设合作，提升全球物流服务支撑能力

第一，境内重点推进港口型、陆港型、陆上边境口岸型国家物流枢纽和中欧班列集结中心建设，强化国际物流功能，提升国际物流组织能力。

第二，鼓励龙头国际物流企业、海运企业和多式联运企业广泛参与境外港口物流园区、中欧班列海外集结中心等基础设施建设，通过参股、资本运作、合作经营等方式共同开展境外物流基础设施运营，通过与国内物流枢纽、中欧班列集结中心等对接，构建国内国际循环运作的骨干物流基础设施网络。

第三，结合国际商贸和物流业态模式创新需要，有序推进海外仓、航空物流中心等基础设施布局建设，打造适应跨境电商、海外直购等业态发展的现代快递物流基础设施网络。

2. 提升国际多式联运组织化水平，促进国际贸易商品高效流动

第一，发挥不同运输方式的技术经济特点和比较优势，围绕国际贸易货

物流量、流向和辐射方向，结合我国外向型产业空间布局，推动国际多式联运有序发展。

第二，利用我国沿海世界级港口群优势，联动东盟、中东、非洲、欧洲、北美等地区重点枢纽港，大力发展陆海多式联运，服务大宗商品、初级产品和一般工业品大规模进出口，支撑一般商品国际贸易业务稳定发展。

第三，利用亚欧大陆中国与沿线国家资源和产业互补性强的优势，围绕中国—东盟、中蒙俄、中国—中亚西亚南亚、中国—欧洲等重点方向，利用不断便捷的国际陆路交通条件，发挥中欧班列等品牌优势，进一步扩大中欧班列、跨境公路班车等组织化开行水平和开行规模，推动亚欧大陆国际陆路多式联运发展，为亚欧贸易提供多元化物流选择。

第四，围绕国际航空枢纽，构建服务国内、畅联全球主要机场的轴辐式国际航空物流网络，为国际高端商贸提供有力支撑。

3. 加强国际物流合作，维护全球贸易运行稳定

第一，构建"通道+枢纽+网络"的现代物流运行体系，发挥物流信息平台和龙头企业作用，整合国内外交通通道、物流节点等资源，构建服务国内、畅联全球的物流运行网络，稳定国际物流基本盘。

第二，持续优化国际通关环境，推动与更多国家实现关检合作，深化双多边通关合作，提高国际贸易货物通关效率。加强国际多式联运、跨境公路和铁路运输规则标准衔接，大力推广国际联运"一单制"，提高国际多式联运效率。

第三，做好国际物流应急预案，有效防范和应对境内外重大自然灾害、战争、突发公共卫生事件或政治事件造成国际物流中断风险，预防国际贸易和供应链中断，更好维护全球产业链供应链安全稳定。

9.3.4 培育壮大国际流通企业

1. 推动龙头流通企业全球布局，培育新时代国际化现代流通企业

第一，把握新一轮科技革命浪潮，推动龙头流通企业数字化发展，创新流通企业业务扩张方式，借助电商、交易结算、物流信息等平台，加快龙头企业全球布局。

第二，鼓励龙头流通企业面向服务链上下游及关联业务领域，在全球范围内广泛实施兼并重组、股份合作和资本运作，加快实现全球业务扩张。

第三，推动龙头流通企业拓展境外营销、分销、物流和售后服务网络，构建全球实体流通基础设施网络，打造一批品牌知名度高、网络覆盖面广、实力雄厚、竞争力强的跨国流通企业集团。

第四，以龙头网络型物流企业为载体，在快递、航运、航空货运、铁路货运等重点物流领域，鼓励协同拓展全球物流网络，嵌入国际贸易企业供应链，提高我国物流企业国际竞争力。

2. 推动龙头快递企业和电商企业协同"出海"，巩固跨境电商国际领先地位

第一，推动龙头跨境电商、航空货运、快递企业强强联合，打造国际货航"国家队"，率先织密中国来自全球主要国家和地区的航空货运网络，采取并购等方式拓展境外末端快递物流网络，形成中国企业主导的、以服务中国进出口商品和快递业务为目标的全球航空快递网络，增强我国跨境电商、国际航空快递全球控制力。

第二，在政策保障方面，对龙头跨境电商、航空货运、快递企业在境外进行物流基础设施投资、企业并购等商业活动，简化审批手续，适当放宽风险容忍度；对跨境电商、航空货运、快递企业联合组建国际航空公司，在政策、资金等方面给予支持，优先配置热门国际货运航线资源，鼓励其尽快做大做强；鼓励龙头快递企业拓展境外融资渠道等，全面优化龙头快递企业国际化发展的政策环境。

3. 强化龙头流通企业对中小流通企业的赋能，构筑国际化流通企业生态

第一，促进流通各领域企业平台化发展，鼓励经营模式和管理方式创新，加强信息技术、先进物流装备应用，推动全球网络化经营和业务拓展，培育国际化平台型流通企业。

第二，围绕国家地理标志、中华老字号等特色商品，鼓励相关商品流通企业依托网络型国际龙头流通企业的渠道网络，扩大相关商品全球销售规模，弘扬中华文明和中华文化。

第三，鼓励龙头平台型国际流通企业进一步优化服务，开辟专门通道，利用现代科技手段，为中小国际流通企业进出口业务扩张赋能，降低中小流通企业开拓全球业务的成本，促进中小流通企业依托互联网平台做大做强，形成龙头流通企业和中小流通企业协同互促拓展国际贸易业务的良好生态。

第十章

支撑农资流通：优化化肥仓储设施布局

化肥是粮食的"粮食"，在农业生产中扮演着至关重要的角色，化肥的广泛使用可以大幅提高农作物产量和品质，对维护我国粮食安全作用重大。但是，当前我国化肥流通面临仓储设施老旧、布局分散、流通领域组织化程度低等突出问题，为适应化肥等农资流通现代化发展需要，我们必须通过统筹规划、合理布局、政策驱动等手段，引导化肥仓储设施系统优化和全面升级，为提高我国化肥等农资流通效率提供有力支撑。

10.1 我国化肥仓储设施现状

10.1.1 我国化肥仓储设施种类情况

我国化肥仓储设施主要分为自建仓库、合建仓库、租赁仓库三大类。

一是自建仓库，由化肥企业自建仓库，用于化肥储备和日常业务经营，企业自建仓库设施条件较为完善，大多配有叉车、装卸带、装卸机、硬托盘、软托盘等，少数自建仓库具备仓储管理系统、计量管理系统等。

二是合建仓库，由化肥经营主体企业和参与企业共同建设，仓库产权按照投资额大小划分或者按照合同约定使用仓库。

三是租赁仓库，根据化肥仓储业务的需求，化肥企业在区域内选择交通便利、业务辐射范围广、仓储设施完善的仓库进行租赁，供化肥流通使用。

10.1.2 我国化肥仓储设施经营主体情况

我国化肥仓储设施经营主体主要分为生产企业和流通企业两类，这些企业分布在全国各地，其中以山东、湖北、河南、江苏等省份为主。化肥流通企业数量庞大，不同类别企业化肥仓储能力具有差异性，具体表现：第一，生产企业自建仓库较多，而流通企业租赁仓库较多。第二，流通企业仓储规模大于生产企业。无论是自建仓库还是租赁仓库，生产企业的平均库容、储备量等均小于流通企业，流通企业在承担保供责任方面发挥了重要作用。第三，生产企业仓储利用率、库存周转率高于流通企业。

10.1.3 我国化肥仓储设施布局情况

我国化肥仓储设施主要集中在流通环节，仓储设施主要包括工厂库、港口和铁路站台库、社会仓库（省级物流中心、县级配送中心、乡镇基层门店）等类型。骨干化肥仓储设施主要分布在青海、湖北、河南、内蒙古、山西、四川、山东、贵州、新疆、安徽等化肥生产地，以及黑龙江、河南、山东、四川、江苏、河北、吉林、安徽、湖南、湖北、内蒙古、江西、辽宁等化肥消费地，其中，化肥消费地仓储规模尤其大，见表10-1。

表 10-1 　　　　　　　　　我国各地化肥仓储设施情况

省份	化肥仓储情况
青海	我国钾肥主要生产地，承担国家化肥商业储备70万吨（氮磷肥10万吨、钾肥60万吨）、省级化肥储备5.5万吨，其中，省级化肥储备库点主要集中在西宁、海东东部农业区，以及海西、海南、海北部分油菜、青稞、枸杞等农产品种植区，重点承储企业包括青海农牧生产资料（集团）股份有限公司、青海盐湖工业股份有限公司、格尔木藏格钾肥有限公司等
湖北	我国磷肥主要生产地和化肥主要消费地，商业化肥主要存储产品类别包含尿素、磷酸二氢铵、三元复合肥，省级储备主要存储产品类别包含氮肥、磷肥、钾肥及复合肥。目前，国家商业化肥储备企业和省级储备单位仓库现状都是普通仓库或车间仓库以及私有民房。据初步估计，湖北省化肥储备库容约为200万吨，其中湖北省农业生产资料控股集团有限公司自建及租赁仓库库容约18万平方米，库存能力约40万吨

省份	化肥仓储情况
河南	我国复合肥主要生产地和化肥主要消费地，重点企业为河南心连心化学工业集团股份有限公司
内蒙古	我国氮肥主要生产地和化肥主要消费地，承担国家化肥商业储备40万吨、地方化肥储备8万吨，国家化肥商业储备库点多达160余个，主要分布在呼和浩特市、包头市、呼伦贝尔市、兴安盟、通辽市、赤峰市、巴彦淖尔市、鄂尔多斯市和乌兰察布市9个盟市，重点企业包括内蒙古大地云天化工有限公司、巴彦淖尔市天脊农业生产资料有限公司、呼伦贝尔农垦物资石油集团有限公司等
云南	我国磷肥主要生产地，2022年度承担国家化肥商业储备40万吨，承储主体为云南云天化农资连锁有限公司、中国农业生产资料集团公司、九禾股份有限公司、云南祥丰商贸有限公司。化肥仓储设施主要分布在昆明市、曲靖市、玉溪市、保山市、昭通市、楚雄州、红河州、文山州、西双版纳、大理州等地。仓储类别主要分为租赁仓库和自建仓库，其中租赁仓库占据大多数，仓库储存容量从1万吨到6万吨不等
山东	我国复合肥主要生产地和化肥主要消费地，承担国家化肥商业储备95万吨、省级化肥储备20万吨。国家化肥储备库约60个，重点分布于烟台、潍坊、济宁、泰安、临沂、德州、聊城、菏泽等地，主要位于化肥生产企业集中区域，以及主要粮食生产区域。省级化肥储备库约10个，主要分布于烟台、泰安、临沂、德州、聊城、菏泽等地，与国家储备库点部分重合
新疆	我国氮肥主要生产地，农资流通龙头企业为新疆农资（集团）有限责任公司、中国农资集团新疆分公司，承担25万吨国家化肥商业储备任务。其中，新疆农资（集团）有限责任公司自建及租赁仓库、货场等仓储设施38个，库容总量达84.13万吨，在乌鲁木齐、阿克苏、奎屯、巴楚、吐鲁番等地区建设了区域化肥物流枢纽分拨站，拥有15条铁路专用线，年化肥吞吐量达300万吨以上；中国农资集团新疆分公司共有化肥库点18个，在南疆区域布局11个库点，仓容能力达到25.28万吨
安徽	我国化肥主要消费地，安徽省主要化肥储备承储企业（5家）自建仓库106个，仓库面积69.4万平方米，库容114.2万吨，建设成本14.9亿元，每平方米储存费用约10元/月、仓储利用率为66%~90%，年库存周转次数为1~5.5次；租赁仓库38个，仓库面积18.3万平方米，库容26.8吨，仓储利用率为50%~90%，年库存周转次数为1~7次

省份	化肥仓储情况
黑龙江	我国化肥主要消费地，龙头企业为黑龙江倍丰农业生产资料集团有限公司，该企业在省内布局化肥仓库 76 个，其中自建仓库 13 个，租赁仓库 63 个，主要分布在省内各区域销售网点，基本能够覆盖全省主要化肥销区。仓库化肥存储周期 6 个月左右，受东北一季作物生产影响，仓库利用率较低，年平均利用率不足 60%，平均仓储费用为 0.5 元/吨·天，单吨仓储费用较高
江苏	我国化肥主要消费地，年农用化肥需求量约 600 万吨。江苏省拥有农资仓储设施建筑面积约 65 万平方米，仓容约 130 万吨，化肥仓储设施主要分布在货运车站、港口码头、肥料集散地和农资流通企业、肥料生产工厂等
河北	我国化肥主要消费地，承担国家化肥商业储备 80 万吨、省级化肥储备 25 万吨，承储企业化肥仓储设施以自建仓库为主，自有仓储设施占地面积约 327027 平方米，租赁仓储设施占地面积约 296452 平方米，主要分布在冀中南及沿海地区，包括石家庄、保定、衡水、邯郸、沧州、秦皇岛等地
湖南	我国化肥主要消费地，承担国家化肥商业储备 60 万吨、省级化肥储备 30 万吨，重点承储企业包括湖南新三湘农业生产资料有限公司、湖南隆科农资连锁有限公司、湖南中农生态肥业有限公司等。湖南省化肥仓库主要分为化肥生产企业自建的仓库（总库容量约 36 万吨）、在铁路货运站或铁路专用线周边由专业的物流企业建设并运营管理的仓储设施、各地级市供销社所属的供销储运仓库（总库容量约 90 万吨，实际库容不足 50%），以及各级化肥经销商自建或租用的仓库 4 类
江西	我国化肥主要消费地，承担国家化肥商业储备 25 万吨、省级化肥储备 15 万吨，主要承储企业包括江西沃尔得农资连锁集团股份有限公司、江西开门子、新洋丰、惠多利公司等。江西省承储国家和省级商业化肥储备仓房面积 57.5 万平方米，其中自建仓库 27.2 万平方米，租赁仓库 30.3 万平方米，可储备化肥 86 万~115 万吨
辽宁	我国化肥主要消费地，2022 年、2023 年辽宁省承担国家化肥商业储备 110 万吨，由辽宁化肥、中农集团、辽宁东北丰、五洲丰、山东祥禾、辽宁施可丰、北方华锦—以太天和、辽宁津大等 8 家化肥承储企业承担，自建仓库 23 个，平均面积 59578 平方米，平均库容 142050 吨，租赁仓库 128 个，平均面积 5576 平方米，平均库容 12133 吨
四川	我国化肥主要消费地，承担国家化肥商业储备 15 万吨、省级化肥储备 30 万吨。目前，全省主要化肥生产企业 42 家，化肥仓库 114 个，占地总面积 49.4 万平方米；主要化肥流通企业 63 家，化肥仓库 633 个，占地总面积 61.6 万平方米；全省供销系统现有化肥仓库 161 个，占地总面积 206.5 万平方米，库容总量 268 万吨

以我国最大的化肥流通企业——中国农业生产资料集团有限公司为例，截至 2023 年 6 月底，该公司化肥板块企业中农控股共使用仓库 612 个，分布在全国 26 个省（区、市），使用库容约 180 万平方米，其中自建仓储物流基地共有 8 个，分别为宜昌基地、南通基地、秦皇岛基地、江西基地、陕西基地、商丘基地、漯河基地、枝江基地，消费地仓库数量共计 422 个，约占在用仓库总数的 69%，见表 10-2。

表 10-2　　中国农业生产资料集团有限公司在用仓库布局情况

地区	数量（个）	地区	数量（个）
天津	13	黑龙江	45
山西	1	新疆	39
重庆	1	河南	31
山东	96	湖北	15
辽宁	46	云南	14
江苏	56	湖南	1
河北	32	海南	3
广西	38	江西	9
广东	45	陕西	5
内蒙古	24	安徽	4
福建	14	上海	3
宁夏	13	贵州	1
吉林	52	合计	612
四川	11		

10.2　加快化肥仓储设施布局建设的必要性

10.2.1　化肥仓储设施具有重要功能与作用

1. 良好的化肥仓储设施有助于健全化肥产供销体系

规模化、集中化、网络化存储是构建化肥产供销体系的重要内容，合理进行化肥仓储设施布局，对调节化肥资源具有重要作用。在运输及流通环节，化肥仓储设施体系具备提升组织效率的支撑作用，合理的仓储资源利用能提升化肥供销系统的经济性，减少化肥倒运次数，降低化肥流通成本。同时，龙头企业的引领组织作用，有利于促进化肥仓储设施体系进一步优化完善，从而促进化肥产供销体系建设，保障和提高农民生产收入，提高我国农业生产服务水平，促进农业可持续发展。

2. 良好的化肥仓储设施能够有效地保障粮食安全

化肥是粮食的"粮食"，作为农业生产中的重要投入品，化肥对粮食产量的提高和品质的改善具有重要作用。结构规模合理、供需适配的化肥仓储设施体系，可确保化肥的存储质量和有效供应，促进农业生产长期稳定。建设和运营管理现代化化肥仓储设施，完善季节性、周期性和应急调配需求导向的仓储设施体系，可提高资源利用效率，满足应急救灾和战略储备等要求，促进农业生产可持续发展，从而为粮食生产提供保障，进而维护国家粮食生产安全与稳定。

3. 良好的化肥仓储设施能够有效支撑农业现代化

建设现代化的化肥仓储设施，可提供更加高效、精准的化肥供应服务，满足高质量的农产品生产需求，推动农业生产现代化。同时，化肥仓储设施布局建设应同步考虑环保和绿色发展要求，与农业可持续发展相结合，与配套设施服务相结合，进一步发挥仓储设施在确保主要农产品稳产保供和促进农业现代化及可持续发展等方面的重要支撑作用。

10.2.2 我国化肥仓储设施网络仍存在较多问题

1. 化肥专用仓储设施资源总体供给不足

目前，我国化肥专用仓储设施总量呈减少趋势，增量设施建设动力不足，导致化肥专用仓储设施相对缺乏，市场供需矛盾突出。

一是存量化肥仓储设施不断减少。受化肥仓储设施占地规模大、经济效益较低、带动就业人数有限以及城镇化进程不断加快等因素影响，原有化肥仓储设施很多被征收或转做其他用途。

二是化肥专用仓储设施新建动力不足。化肥专用仓库建设需要大量资金投入，建设周期相对较长，挤占了企业经营资金，加上固定资产折旧成本，造成企业现金流压力过大，化肥生产和流通企业投入相关设施建设积极性不高。

三是化肥专用仓库利用率偏低抑制了相关设施建设。化肥销售季节性较强，一般仅在集中销售前相对较短的周期内能够实现满储，每年在化肥需求旺季过后仓库基本有 4 个月以上的空仓期，仓库利用率较低，且化肥专用仓库远离城区、工业集中区，此阶段寻求短期租户非常困难。

四是租赁化肥仓库质量和稳定性难以保障。化肥流通企业主要通过租赁社会资源来弥补仓储能力不足的缺陷，但受租赁价格变动、租赁仓库网点变化较大等因素影响，租赁关系较为脆弱，难以保证储备的长期稳定，这对企业管理和经营造成困难，重点区域、消费旺季化肥仓储设施"租库难"问题十分突出。

2. 化肥仓储设施硬件条件差，运作效率低

化肥流通行业平均利润率低，对库房租金承受能力较弱，为了降低储存成本，往往租用一些租金便宜的简易仓库，部分甚至租用普通民房。这些仓库虽然成本较低，但面临仓库等级低、智慧化程度不高、标准化管理水平较低等问题。

一是仓库等级低，租赁仓库普遍为砖木结构或钢棚结构，防水防潮等级低，储存过程中损耗较大，部分为私人简易仓库、露天堆场、火车站站台，日晒、雨淋等影响了化肥产品质量。

二是硬件设施智能化水平较低，仓库硬件设施陈旧，自动化、信息化水平低，缺乏统一运作的仓储管理信息平台，整体落后于我国现代物流智能化发展水平。

三是管理水平不高，现有化肥仓储设施缺乏现代化管理手段，保管不规范现象时有发生，如仓库内不同种类、不同功效的化肥混储，存在一定的安全隐患。

3. 仓储空间布局不尽合理，导致储运不畅

从空间上看，我国化肥产销地域分布不平衡，氮肥产地主要集中在山西、内蒙古、新疆等煤炭、天然气资源产地，磷肥产地主要集中在云南、贵州、湖北等磷矿资源产地，钾肥产地主要集中在青海、新疆等钾盐资源产地，进口钾肥主要通过沿海港口运入，而化肥消费地主要集中在东北、长江中下游、黄河中下游等农业大省，产销地运输距离长，存在严重的供需空间错位问题。

从时间上看，化肥是常年生产、季节性使用，消费旺季主要集中在春耕、"三夏"、秋冬种等几个重要农时，用肥高峰期易出现运力不足问题。化肥流通环节利润薄，运输、装卸、仓储成本对化肥流通影响较大，化肥流通企业需尽可能减少化肥存储环节的转运次数，用最优的运输方式送到终端。由于化肥存储体积大、装卸环节人工需求多等，主要港口、铁路站点及周边仓储资源供给偏紧，对库房租金更敏感的化肥存储被迫转移到临港等更远的地方，无形中增加了化肥流通成本，制约了化肥储运效率的提高。经济发达、物流条件优越的地区难以找到合适的化肥仓库作为骨干调拨库，这在一定程度上影响了我国统筹、高效开展化肥中转和调运。

4. 化肥仓储资源分散，尚未形成储运网络

化肥"大行业、小企业"特征明显，化肥流通企业普遍存在资本积累不足、规模较小等问题，无论是化肥生产地还是消费地，都缺乏具有资源整合能力的龙头企业，化肥仓储设施运营主体具有"小、散"等特点，这严重制约了化肥生产与化肥消费之间的大规模供需精准适配，难以在特定地区、节点形成化肥的规模化存储，难以形成组织化的规模经济，导致目前我国化肥仓储设施存在周转率不高、管理运营水平低效等一系列问题。此外，由于各地区缺乏具有组织性、规模性的化肥仓储节点，化肥仓储整体上处于低水平同质化竞争状态，化肥生产企业相对分散地开展化肥销售和储运服务组织，无法充分整合化肥仓储需求、提供统一的化肥仓储服务，难以形成稳定高效、低成本、广覆盖的化肥流通网络，制约了我国化肥流通成本的降低和效率的提升。

10.3 化肥仓储设施布局优化

10.3.1 布局优化原则

1. 遵循化肥市场流通规律

经过多年的市场化改革，我国化肥流通市场已经形成了以国有企业为主、以民营企业为补充的化肥经销体系，在保障供应和稳定农资价格方面发挥了积极作用。化肥仓储设施网络布局优化，应充分发挥市场在资源配置中的决定性作用，激发供销社体系企业、化肥生产企业、民营流通企业等市场主体的积极性；应更好地发挥政府作用，政府应对化肥仓储设施建设给予政策支持，引导具备条件的企业做优做强，在化肥流通运行体系中发挥骨干作用。

2. 有助于产供储销一体化运作

化肥仓储设施布局优化不是另起炉灶，须涵盖化肥生产、进口、消费主要区域，兼顾东、中、西部地区协调发展，重点服务保障农产品主产区，构建从生产端到销售端的完整供应链体系；应坚持以存量化肥仓储设施及其他农资仓储设施整合提升为主，以增量设施补短板为辅，避免大规模同质化化肥仓储设施的建设，提高化肥仓储设施资源集约利用水平；应依托化肥仓储设施建设，与物流、交通、商贸等产业联动，培育行业发展新动能，兼顾开展社会化的仓储物流服务，提高化肥仓储设施利用率，推动化肥产供储销系统可持续发展。

3. 有助于提高化肥储运运作效率

化肥仓储设施应布局在交通便利、辐射范围广的区域，应加强仓储设施与交通基础设施的衔接，提高不同运输方式间换装效率，应重点考虑毗邻铁路、港口等交通枢纽，充分发挥水路、铁路运输成本方面的明显比较优势，再衔接以公路为主的区域分拨配送，提高化肥流通效率。但是，化肥仓储占地面积大、单位利润微薄、仓储空置时间长，具备良好流通条件的土地供给成本偏高，因此，必须权衡好土地经济性与交通便利性问题，在化肥储运设施建设中应降低综合用地成本、减少单位用地税收强度制约，确保化肥仓储设施综合运行成本可控。

4. 有助于实现化肥仓储设施智慧绿色发展

化肥仓储设施布局应顺应现代仓储业发展新趋势，加强现代信息技术和智能化、绿色化装备的应用，降低能耗和排放水平，打造绿色、智慧的化肥仓储设施。考虑到化肥具有少量挥发性和腐蚀性等特点，化肥仓储设施布局应注重安全环保，有效减少化肥仓储对环境的负面影响，远离生态保护空间。化肥仓储设施的布局，还要强化与光伏、自动无人物流技术装备的衔接，确保在建设初期具备绿色低碳条件，在运作过程中通过绿色能源的供给保障化肥仓储设施的低碳可持续发展。

10.3.2 布局优化思路

1. 统筹考虑化肥产销地分布

从化肥生产角度看，我国化肥主要包括氮肥、磷肥、钾肥、复合肥四大类。

一是氮肥，氮肥生产以煤炭和天然气为主要原料，核心产品是尿素。我国尿素生产主要分布在煤炭大省山西、内蒙古，其次是天然气主产地新疆。根据行业统计数据。

二是磷肥，以磷矿石为核心原料，关键辅助原料为硫黄、合成氨，核心产品是磷酸二氢铵和磷酸一铵，磷肥生产地主要在湖北（宜昌）、云南（昆明）、贵州（开阳县、息烽县）、四川（宜宾、德阳）及安徽等地。

三是复合肥，复合肥以氮肥、磷肥、钾肥3种原料复合、复混或掺混制造，因此，复合肥生产企业在全国各地分布得更为广泛、灵活，更接近农业消费地区，其中，关键分布点有山东省临沂市、河南省商丘市、湖北省荆门市及宜昌市。

四是钾肥，钾肥生产供应相对较为特殊，对外依存度较高。我国钾肥生产以盐湖钾盐为矿源，主要矿源钾肥生产企业分布为青海察尔汗盐湖地区和新疆塔里木盆地罗布泊地区。我国钾肥生产总体供不应求，对外依存度约为

60%，主要进口产品为氯化钾。根据海关统计数据，2022 年中国进口氯化钾 793 万吨。国际市场钾肥高度集中，加拿大、俄罗斯、白俄罗斯 3 国产量占全球 67%。钾肥进口陆路主要经阿拉山口、霍尔果斯、满洲里口岸，水路主要经镇江、连云港、营口、防城港、烟台、天津、湛江、东莞（麻涌）、青岛、北海、潍坊、南通、南京等港口。

从化肥消费角度看，我国化肥销售地（粮食主产区）主要集中在东北、长江中下游、黄河中下游等农业大省。化肥产销的地域分布较不均衡，导致化肥平均运输距离偏长。同时，化肥是一种常年生产、季节性消费的商品，每年春季、秋季是化肥销售旺季，其余时间是销售淡季，在春、秋用肥高峰期容易发生运力不足现象。为避免化肥需求旺季大规模的中远距离调运，必须围绕产地、销地和集散地，通过合理化肥仓储设施布局，提前将化肥调运至相关地区。

结合我国化肥生产和消费地分布情况，在山西、内蒙古、湖北、河南、山东等省区应该合理地布设一定规模的化肥产地仓储设施；在沿海江苏等主要省份应布设钾肥仓储设施；在东北、华北、长江中下游、新疆等主要农产品产区，应合理布设一定规模的销地型化肥仓储设施。

2. 结合我国物流通道布局

《"十四五"现代物流发展规划》提出，依托国家综合立体交通网和主要城市群、沿海沿边口岸城市等，促进国家物流枢纽协同建设和高效联动，构建国内国际紧密衔接、物流要素高效集聚、运作服务规模化的"四横五纵、两沿十廊"物流大通道。其中，"四横五纵"国内物流大通道建设，要畅通串接东中西部的沿黄、陆桥、长江、广昆等物流通道和连接南北方的京沪、京哈—京港澳（台）、二连浩特至北部湾、西部陆海新通道、进出藏等物流通道，提升相关城市群、陆上口岸城市物流综合服务能力和规模化运行效率；"两沿十廊"国际物流大通道建设，则要对接 RCEP 等，强化服务共建"一带一路"的多元化国际物流通道辐射能力。

化肥流通环节增值比例较低，对运输、装卸搬运、短倒运输等价格敏感度较高，为减少化肥流通环节成本，要求化肥储运最大限度地减少中间环节，用最经济的运输线路送到终端，避免多次进出库增加成本。从当前化肥干线运输组织方式看，主要依托铁路、水路，区域分拨配送则主要依靠公路。我国化肥运输组织具有中长距离的特点，因此，如何发挥水运优势，再匹配合适的铁路运输方式，将成为我国化肥储运体系最优的解决方案。为此，在化肥仓储设施布局过程中，应优先考虑干线大运量需求，在主要国家物流通道关键节点上进行化肥仓储设施布局，再衔接其他运输方式。在布局化肥仓储设施时，应依托全国性和区域性农资流通走廊建设，重点依托国家"四横五纵、两沿十廊"物流大通道，服务国家现代流通战略支点城市和骨干流通走廊建设，更好地满足化肥规模化、通道化物流运输组织要求。

3. 依托成熟流通渠道和流通主体

化肥仓储设施布局应充分依托当前相对成熟、稳定的流通网络和流通主体。2000 年以前，我国化肥是以供销社计划体系为主流的储运销结构，各省、市、县、乡镇供销社农资公司建设了相对完备的化肥仓储、运输和销售网络，较好地满足了计划经济时代的化肥供需需要。1998 年化肥流通体制改革，伴随着我国加入 WTO，化肥专营逐步放开，化肥市场经营主体多元化，大量社会资本进入化肥流通市场，对传统农资经营体系形成一定冲击。从相关统计数据可以看出，我国化肥流通的规模化、组织化、网络化趋势明显，化肥流通龙头企业市场份额逐步扩大，有利于化肥流通规模经济的发挥，现有化肥分销流通渠道网络对提升我国化肥流通效率至关重要。

从实际经营情况看，我国化肥销售和服务网络分为四大类渠道：一是供销社体系以化肥为主营业务的国营流通企业，主要有中农集团、安徽辉隆、广东天禾、黑龙江倍丰等农资公司，以国有资本为特点，在区域乃至全国化肥流通中具有明显的市场"首位度"；二是化肥生产企业自建产品销售渠道，如云天化、金正大、史丹利、三宁化工等生产企业，通过在其生产厂辐射的半径范围内规模化布设分销网络，开展属地化的化肥连锁经营，也能较好地开展化肥流通；三是其他以化肥为非主营或辅助经营产品的企业，如先正达、中海油、中石油等，通过与中农集团合作，构建了相对稳定的上下游关系，建立了全国范围内的化肥经销网络；四是民营贸易企业和个体户。目前，供销社体系销售和服务网络仍是主渠道，个体经营户在末端销售网络发挥互补作用，也应较好地纳入化肥储运体系。

4. 衔接国家化肥商业储备设施

当前，我国化肥商业储备制度越来越完善，已形成国家化肥商业储备、省级储备、市级储备等多类型的化肥储备模式，其中，国家化肥商业储备规模大、设施建设较为完善，在化肥保供稳价中发挥的作用越来越大。但由于化肥仓储投资大、收益率低，完全新建仓储设施难度大、可行性低，因此，我们应结合国家化肥商业储备、省市级储备等现有仓储设施，发挥国家化肥仓储设施骨干节点作用，将国家化肥商业储备、省市级储备和国家化肥仓储设施网络结合起来，按照一定比例将化肥商业储备纳入国家化肥仓储设施网络，发挥协同作用。

10.3.3　布局优化方案

1. 化肥仓储设施分级

作为国民经济发展的重要商品，化肥的稳定供给和价格稳定对经济社会发展具有十分重要的作用。化肥仓储设施布局建设应与我国宏观物流运行体系相适应，注重层级，确保不同层级化肥仓储设施在全国化肥仓储设施网络体系中发挥不同作用。建议将全国化肥仓储设施划分为中心库、省域库（区域库）和县域库，从而构建三级化肥仓储设施运行网络。第一级为中心库，是我国化肥仓储设施网络体系的核心节点，主要位于化肥主产区、主销区和化肥集散地，形成数十万吨的存储能力。中心库布局可以结合化肥生产、分销网络特点，在一个相对特定的区域内由单点或多点设施共同组成，在全国化肥仓储设施网络中发挥化肥流通组织功能。第二级为省域库（区域库），主要对接中心库或在一定程度上与中心库形成功能互补，主要形成十万吨左右的存储能力，集中布设在化肥次产地、集散地和销区，以较好地发挥多式联运和区域分拨配送优势，满足省内乃至省级交界区域的化肥储运需要。第三级为县域库，县域库是衔接中心库、省域库（区域库）和末端化肥经销网络的重要节点，总体应具备万吨左右的存储能力，可以全国地级城市农业强县为核心布局建设。

2. 具体布局方案

综合考虑各地农业用肥量、化肥生产运输能力等情况，建议在全国范围内建设化肥中心库 20 个左右、省域库 40 个左右、县域库 300 个左右，形成总库容约 2000 万吨的国家化肥仓储设施体系。具体而言，中心库 20 个左右，总库容 500 万吨左右，主要布设在重点农业省、沿海、长江流域的港口和"四通八达"的铁路、公路交通物流枢纽地区；省域库（区域库）40 个左右，总库容 500 万吨左右，主要布点在农资需求较大的农业省和现有农资业务基础稳固的省域，辐射省内及相邻省份县域库，综合考虑地方政策与市场需求选点建设；县域库 300 个左右，总库容 1000 万吨左右，主要布局在农资需求较大的农业县，见表 10-3。

表 10-3　　　　　　　　　我国化肥仓储设施布局优化方案

设施类型	布局地点
中心库（20 个左右）	内蒙古 1 个（呼和浩特或鄂尔多斯），新疆 2 个（准东、石河子、奎屯或伊犁），黑龙江 1 个（哈尔滨、佳木斯等），吉林 1 个（长春等），辽宁 1 个（营口等），山西 1 个（太原等），河北 1 个（沧州、保定等），天津 1 个，河南 1 个（商丘等），山东 2 个（临沂、青岛等），江苏 2 个（连云港、镇江等），湖北 1 个（宜昌等），四川 1 个（德阳等），广东 1 个（湛江等），海南 1 个（海口等），广西 1 个（钦北防等），青海 1 个（格尔木等）
省域库（区域库）（40 个左右）	全国主要省（区、市）原则上布设 1 个化肥省域库（区域库），北京、上海等城市因为产业结构的特殊性可暂不考虑。对于重要的化肥产业集散地和农业强省，可考虑布设 2 个左右化肥省域库（区域库），如黑龙江、河北、河南等
县域库（300 个左右）	全国主要地级城市原则上布设 1 个化肥县域库，部分高度城镇化的地级城市可不考虑。全国主要化肥产地和化肥主要销区应结合地级市的农业情况合理布设 2 个左右的化肥县域库

第十一章

保障能源安全：完善能源输送通道布局建设

确保煤、电、油、气等基础能源稳定供应并在全国范围内安全、高效输送，是现代流通体系建设的重要目标和重要内容。落实党中央、国务院关于建设全国统一的能源市场、保障能源安全的要求，必须按照能源输送通道与供需分布协调匹配总原则，明确我国能源输送通道建设的总体思路、基本原则与建设方向，优化"西煤东运、北煤南运"通道，完善全面覆盖的油气管网，推进跨区跨省输电通道建设，加强与"一带一路"合作伙伴能源互联互通，加快形成横跨东西、纵贯南北、覆盖全国、联通海外的能源输送通道格局，为能源安全提供基础支撑。

11.1 全国统一的能源市场建设对能源输送通道建设的要求

推进煤、电、油、气能源输送通道互联互通，既是全国统一的能源市场建设的应有之义，更是构建全国统一的能源生产、运输、存储、交易等市场体系的基础支撑，对于加快"能源强国"建设、确保国家能源安全十分重要。

11.1.1 建设全国统一的能源市场的内涵与意义

1. 建设全国统一的能源市场的基本内涵

2022 年 4 月 10 日，《中共中央 国务院关于加快建设全国统一大市场的意见》（以下简称《意见》）发布，《意见》提出建设全国统一的能源市场的重大任务，并进一步指出了建设全国统一的能源市场的基本内涵，即在有效保障能源安全供应的前提下，结合实现碳达峰碳中和目标任务，有序推进全国能源市场建设。具体包括：第一，在统筹规划、优化布局基础上，健全油气期货产品体系，规范油气交易中心建设，优化交易场所、交割库等重点基础设施布局；第二，推动油气管网设施互联互通并向各类市场主体公平开放；第三，稳妥推进天然气市场化改革，加快建立统一的天然气能量计量计价体系；第四，健全多层次统一电力市场体系，研究推动适时组建全国电力交易中心；第五，进一步发挥全国煤炭交易中心作用，推动完善全国统一的煤炭交易市场。

2. 建设全国统一的能源市场的重大意义

能源安全是关系国家经济社会发展的全局性、战略性问题，对国家繁荣发展、人民生活改善、社会长治久安至关重要。面对能源供需格局新变化、国际能源发展新趋势，建设全国统一的能源市场，是保障国家能源安全、构建高水平社会主义市场经济体制的必然要求。

第一，建设全国统一的能源市场，是深化能源领域市场化改革的迫切需要。尽管经过多年发展我国已成为全球最大的能源生产和消费国，但制度规则不统一、要素资源流动不畅通、地方保护和区域壁垒等问题依然存在，影响能源市场功能及规模效益的发挥。因此，我们必须建立统一开放、竞争有序的全国性市场体系，清除各种扭曲全国统一大市场和抵消市场对能源资源配置起决定性作用的屏障，真正形成跨区域、跨行业公平竞争的能源市场环境，建立起以市场价格为主的能源产品和服务价格形成机制，吸引多元投资主体参与现代能源体系建设的各个环节，保障其主要通过市场化竞争获得发展机会和效益。

第二，建设全国统一的能源市场，是确保国家能源安全的必然要求。当今世界百年未有之大变局加速演进，国际形势错综复杂，不确定性、不稳定性因素明显增多，全球能源供应链受到严峻挑战，我国油气能源对外依存度高，地缘政治引起的地区冲突致使我国油气能源进口的安全风险和成本风险增大，从而影响国家能源安全。建立全国统一的能源市场，可以充分发挥市场活力，提升国内能源统筹供应能力，推动我国从"能源大国"向"能源强国"转变。

11.1.2　全国统一的能源市场对能源输送通道建设提出要求

能源输送通道是建设全国统一的能源市场的基础支撑，立足新发展阶段，我们必须加快构建完善的国家能源输送通道体系，以满足全国统一大市场对能源大范围、高质量、跨区域配置的要求。

1. 能源输送通道对建设全国统一的能源市场的基础作用

能源输送通道是建设全国统一的能源市场的基础支撑。

从能源流通看，西煤东运、北煤南运必须借助铁海联运通道，西电东送、北电南供必须借助跨区跨省输电通道，进口原油送往各地必须借助原油管道，成品油北油南运、沿海内送必须借助成品油管道，西气东输、北气南下、海气登陆必须借助天然气管道，跨区域输送通道是能源资源在全国高效、便捷流通的物理基础。

从能源市场化改革看，完善的能源输送通道是推动能源产、送、销全链条市场化改革的关键一环。以油气市场化改革为例，成立国家管网集团，实现我国油气干线管道统一并网运行并向各类市场主体公平开放，就要从油气产业链的中间环节入手，通过"管住中间，放开两头"，推动油气产业发展格局大调整，加快形成上游油气资源多主体多渠道供应、中间统一管网高效集输、下游销售市场充分竞争的油气市场格局。

2. 支撑全国统一市场的能源输送通道建设重点方向

第一，国际能源输送通道。依托"6轴、7廊、8通道"国家综合立体交通网主骨架，构建关系国民经济命脉、涉及国家安全的跨国能源输送大通道。在"一带一路"六廊六路、多国多港基础设施互联互通框架下，大力提高连接重要能源进口口岸铁路和管道的输送能力，充分满足煤炭、原油、天然气等重点能源运输需求，推动国际能源输送网络与后方综合交通基础设施网络一体衔接、统筹发展，确保进口能源畅通输送、安全输送和稳定输送。

第二，打通跨区域能源调拨通道。以天然气和煤炭为重点，加强川渝地区天然气东送通道建设，实现川渝地区天然气与长三角等地区LNG资源联通，满足东部地区供给需求。同时，进一步完善西煤东送通道，着力提升北煤南运通道服务能级，优化区域统配利用能力，重点加强"三西"等煤炭调出地区、大型煤炭生产基地对外运输通道建设，着力推动大能力铁路建设，提升铁路运输保障能力，确保煤炭安全、稳定供应。

11.2 我国能源输送通道布局建设思路

11.2.1 我国能源输送通道布局建设的指导思想

立足新发展阶段，完整准确全面贯彻新发展理念，服务构建新发展格局，以习近平总书记关于建设全国统一的能源市场重要论述为指引，深刻理解能源输送通道对全国统一的能源市场的重大作用，准确把握新时代能源输送通道建设的重点方向，以推进能源基础设施跨区域联通为目标，按照输送通道与能源供需分布协调匹配原则，优化"西煤东运、北煤南运"通道，完善全面覆盖的油气管网，推进跨区跨省输电通道建设，加强与"一带一路"沿线国家和地区能源通道的互联互通，加快形成横跨东西、纵贯南北、覆盖全国、联通海外的能源基础设施网络，为全国统一的能源市场的建设提供坚实支撑，为现代能源体系高质量发展提供坚强的保障。

11.2.2 我国能源输送通道布局建设的基本原则

1. 坚持供需匹配

能源输送通道建设以我国能源资源供需空间分布和生产力布局特点为基本前提，以跨区域能源输送通道建设为重点，既充分符合我国当前能源生产和消费地域分布特点，又适度引领未来全国能源资源流通格局优化，有利于形成能源输送通道与能源供需分布协调匹配的良好局面。

2. 坚持系统融合

在有效适应各自技术经济特性的前提下，统筹考虑煤炭、原油、成品油、天然气和电力等多种输送网络走向，统筹考虑能源输送网络与综合立体交通网络布局，建设跨区域综合型交通能源大走廊，实现交通线位资源的充分利用和土地资源的高效集约。

3. 坚持内外并重

按照服务构建以国内大循环为主体、国内国际双循环相互促进的新发展格局的要求，能源输送通道建设既要满足国内能源生产和消费需要，又要满足海外能源进口需要，为统筹利用国内国际"两个市场、两种资源"、开展全国统一的能源市场建设提供基本条件。

4. 坚持市场化方向

坚持市场化方向，要求充分发挥市场对资源配置的决定性作用，在跨区域能源输送通道建设和运营过程中坚决确立企业的主体地位，支持国有企业做大做强，鼓励民营企业做专做精，形成大、中、小企业各司其职、竞争合作的良好企业生态。

11.2.3 我国能源输送通道布局建设的整体格局

1. 横跨东西

立足能源东西供需平衡，以"西煤东运""西电东送""西气东输""海油内送"等为重点，建设东西向跨区域能源输送大通道，支撑煤、电、油、气在东中西地区间的高效调配。

2. 纵贯南北

着眼于能源南北供需平衡，以"北煤南运""北气南下""东西半环""北油南运""北电南供"等为重点，建设南北向跨区域能源输送大通道，支撑煤、电、油、气在南北方之间的高效调配。

3. 覆盖全国

在横贯东西、纵贯南北跨区域能源输送大通道基础上，完善区域内支线输送网络建设，形成干支衔接的全国能源输送网络，为畅通煤、电、油、气从生产端到最终消费端的流通全链条提供高效、便捷的设施条件。

4. 联通海外

以"一带一路"沿线能源富集国家和地区为主要方向，打通我国进口原油、进口天然气和进口煤炭的陆海双向输送通道。陆上沿"一带一路"六大经济走廊推进能源基础设施互联互通；海上围绕全球主要航线强化石油天然气和煤炭专业码头合作建设与运营。

11.3 优化"西煤东运、北煤南运"通道

适应我国煤炭产地主要集中在"三西"（山西、陕西、蒙西）、新疆和云贵等地区，煤炭消耗地主要集中在华东、华南、中南等地区的供需区域分布特点，我们应以铁路为主体、水路为补充，大力发展铁水、公铁、江海联运，构建由"七横五纵"铁路运输通道和"两横两纵"水路运输通道共同构成的"西煤东运、北煤南运"全国大通道总体格局。

11.3.1 完善"七纵五横"铁路运输通道

铁路运输具有运力大、运价低、效率高、速度快、绿色环保等特点，是我国煤炭运输大通道的主体。

1. "七纵"通道

"七纵"通道包括晋陕蒙外运通道的焦柳、京九、京广、浩吉、包西五大纵向通路，云贵外运通道的南昆纵向通路，以及新疆外运通道的兰新、兰渝纵向通路。晋陕蒙外运通道中，浩吉铁路是全国最长的运煤专线，是"北煤南运"国家战略的新运输通道；焦柳铁路串联华北、华中和华南地区，是晋煤、豫煤南运的重要通道；京九铁路、京广铁路是连接华北、华中、华东和华南地区的重要南北大通道，但煤炭运量相对有限；包西铁路连接陕北、黄陇煤炭基地，是陕北煤炭外运的重要通道。云贵外运通道中，南昆铁路连接西南与华南沿海地区，是贵州煤炭运往华南地区的主要通道。新疆外运通道中，兰新铁路是新疆煤炭外运甘肃西部的主要通道；兰渝铁路是煤炭从西北运至西南地区的新通道，促进了西北、西南地区融入长江经济带。

2. "五横"通道

"五横"通道包括晋陕蒙外运通道的北通路（主要为大秦、朔黄、蒙冀、丰沙大、集通、京原）、中通路（石太、邯长、山西中南部、和邢）以及南通路（侯月、陇海、宁西），蒙东外运通道的锡乌、巴新，云贵外运通道的沪昆。晋陕蒙外运通道主要将煤炭从山西、陕西、内蒙古等"三西"地区运往

环渤海港口。其中，北通路是山西、陕西、内蒙古等"三西"煤炭外运的主要通路，以动力煤为主要货源，主要将晋北、陕北和神东等地区的煤炭运往华中、华东及东北地区。中通路以焦煤、无烟煤为主要货源，主要将晋东、晋中等地区的煤炭运往华东、中南地区。南通路以焦煤、肥煤等为主要货源，主要将陕北、晋中、黄陇、宁东等地区的煤炭运往中南、华东地区。

11.3.2 提升"两纵两横"水路运输通道

水运具有可直达、运价低、能耗小、运力大等特点，不仅能够有效缓解铁路运输压力，也承担着煤炭运输的中转、接卸等功能，是我国煤炭运输大通道的重要补充。

1. "两纵"通道

"两纵"通道为沿海纵向通路和京杭运河纵向通路。沿海纵向通路以秦皇岛港、黄骅港、天津港、唐山港（含曹妃甸港区及京唐港区）、青岛港、日照港、连云港、营口港、锦州港、烟台港为煤炭下水港，以防城港、上海港、宁波—舟山港等为煤炭上水港，煤炭经铁路运至下水港，装船运输到华东、华南的上水港卸船，再运往消费地，主要满足江苏、上海、浙江、福建、广东、广西等东南沿海地区大型用煤企业的需求。其中，北方七港与"三西"地区距离较近，铁路配套便捷、地理位置优越，承担了"三西"地区煤炭运往华东、东南沿海地区的任务，是沿海煤炭发运的主力。京杭运河纵向通路北端连接济宁、枣庄、徐州、商丘、淮北等煤炭基地，将煤炭运至经济发达的长三角地区，煤炭中转以徐州港为主。

2. "两横"通道

"两横"通道为长江通路和珠江—西江通路。长江通路以上海港、宁波—舟山港为装船港，以宜昌港、武汉港、芜湖港、南京港为接卸港，将煤炭从东部沿海港口运至湖南、湖北、安徽、江西等省份。珠江—西江通路主要连接云贵煤炭基地，将煤炭运至珠三角地区。

11.4 完善全面覆盖的油气管网

适应我国油气能源生产基地主要分布在西部地区、进口资源远离下游市场,消费集中在中东部地区,生产和消费呈现逆向分布特征,我们应加快建设"西气东输、北气南下、海气登陆、主干互联、全国覆盖"天然气基础管网、"东西半环、海油登陆"原油管网和"北油南运、沿海内送"成品油管网,形成有效覆盖全国的油气管网格局。

11.4.1 建设"西气东输、北气南下、海气登陆、主干互联、全国覆盖"的天然气管网

西气东输天然气管网依托进口资源,以及塔里木盆地、准噶尔盆地、鄂尔多斯盆地和四川盆地天然气资源,应逐步完善西气东输、川气东送、陕京等天然气干线系统,增强天然气跨区域输送能力,重点满足我国中东部地区用气需求。

北气南下天然气管网应统筹衔接陆上重要天然气进口通道,配套新建中俄东线黑河—华北—华东等天然气管道,结合煤制气项目进展,适时建设蒙东煤制气外输管道。

海气登陆天然气管网应依托近海天然气开发建设东海、南海气田上岸天然气管道,同时,结合 LNG 接收站建设,配套建设天津、唐山、如东、温州等一批 LNG 外输管线。

主干互联天然气管网应新建青岛—南京、保定—石家庄—郑州、楚雄—攀枝花、鄂尔多斯—银川、赣湘线、赣闽线、闽粤线、琼粤线、渝黔桂线、青藏线,实施华北沿海和东南沿海线 LNG 互联互通工程,加强天然气干线系统内、干线系统之间、相邻省区市的联络线建设,补齐跨地区、跨省调配短板,实现全国主干管网全覆盖、全联通。

11.4.2 建设"东西半环、海油登陆"原油管网

西半环原油管道联通西南与西北地区,具体而言,西北方向:一是承接哈萨克斯坦进口原油,配套建设阿拉山口—乌鲁木齐—兰州西部原油管道复线,并逐步延伸至格尔木分支管道;二是对接中巴原油管道,建设喀什—都善原油管道。西南方向:结合西南地区炼化能力和布局情况,对接中缅原油

管道，进一步向贵州等地延伸。

东半环联通东北、华北和华东沿海地区，对接俄罗斯进口原油，建设中俄原油管道二线，形成从东北至华北至华东，纵贯东部地区的原油南下通道。海油登陆原油管道建设临邑—济南复线、董家口—东营、董家口—潍坊—鲁北、烟台—淄博、日照—濮阳—洛阳、日照—沾化、连云港—淮安—仪征、南通—仪征、仪长复线、仪征—九江、大亚湾—长岭、廉江—茂名原油管道等，提高进口原油从沿海向内陆的辐射供应能力。

11.4.3 建设"北油南运、沿海内送"成品油管网

北油南运成品油通道包括东北南下通道、华北南下通道和西北南下通道。东北南下通道构建大庆—长春—沈阳—京津冀运输通道，实现成品油自东北向华北地区输送、自东北经渤海湾海运外送；华北南下通道构建京津冀—郑州—武汉运输通道，实现东北成品油和华北成品油向中南地区输送；西北南下通道构建新疆—兰州、蒙西—兰州、兰州—成都—重庆、兰州—郑州—长沙的运输通道，实现成品油从西北向西南、华中地区输送。

沿海内送通道包括齐鲁西送通道、沿江输送通道和华南内送通道。齐鲁西送通道构建胶东半岛—鲁西—郑州运输通道，与华北南下通道、兰郑长管道互联，实现山东成品油向中部地区输送；沿江输送通道构建宁波—南昌—长沙江南成品油运输通道、武汉—重庆的江北成品油运输通道，在长江流域承接华北、东北成品油并沿江向西南地区输送，逐步替代成品油长江船运，降低运输过程中成品油泄漏可能造成的长江水域污染风险和三峡过坝燃爆等事故风险；华南内送通道构建广东—广西—云贵渝的成品油运输通道，实现华南成品油向西南输送，构建广东—湖南成品油运输通道，实现珠三角地区成品油向华中地区输送。

11.5 推进跨区跨省输电通道建设

适应我国清洁能源资源70%以上在西部、北部地区，电力消费60%以上在东中部地区的电力供需区域分布特点，我们应加快以特高压为主骨架的东

西部两大同步电网建设，东部电网与西部电网通过多回直流异步联网，最终形成"西电东送、北电南供"跨区跨省输电通道格局。

11.5.1　建设东部地区特高压同步电网

"三华"形成"八横五纵"特高压交流主网架，华北地区优化完善特高压交流主网架，内蒙古增加"一横两纵"特高压通道，提升电源基地汇集和外送能力，新建阿拉善—张北、巴彦淖尔—上海庙、包头—蒙西、晋东南—菏泽特高压交流通道，基本形成双环网结构；华中特高压交流电网进一步向西向南延伸，围绕宜昌、长沙、怀化、湘南、赣州、吉安等地区形成双环网结构；华东沿海特高压交流通道向南延伸至厦门；推进"三华"跨区联网工程，华北华中互联，晋东南—南阳通道扩建成三回通道，华中华东新建吉安—泉州、赣州—厦门特高压交流通道。东北建成"三横两纵"特高压交流电网，与华北北部清洁能源基地通过锡林郭勒盟—赤峰特高压交流通道互联，并通过锦州—天津南与华北京津冀负荷中心相连。南方地区建成"两横三纵"特高压交流主网架，两广负荷中心地区形成双环网结构，通过湘南—桂林、赣州—韶关、厦门—潮州与"三华"特高压交流电网互联。

11.5.2　建设西部地区特高压同步电网

按照"四横四纵"特高压交流主网架，初步形成西北、西南（含云南、贵州）坚强网络平台。西南建设以川渝"日"字形特高压交流环网为中心，连接四川西南部、云南东北部、贵州西部和西藏昌都水电基地的特高压交流主网架。西北形成连接甘肃南部、青海和新疆东部的特高压交流网架，与西北 750 千伏地区供电主网架相连。西南、西北通过玉树—昌都、果洛—阿坝、天水—广元等纵向特高压交流通道联网，构成西部交流同步电网。

11.5.3　实现东西部多回直流异步联网

按照东部电网与西部电网多回直流异步联网要求，建设西南地区怒江上游、澜沧江上游等水电基地和西北地区新疆、青海、甘肃等风光基地送电东中部受端地区的特高压直流输电通道。"十四五"期间，西北外送建设陕北榆林—湖北武汉、甘肃—山东、新疆—重庆3个特高压直流输电工程，西南外送新建四川雅中—江西南昌、白鹤滩—江苏、白鹤滩—浙江、金上—湖北4个特高压直流输电工程。

11.6 加强与"一带一路"沿线国家和地区能源基础设施的互联互通

加快完善煤炭进口通道，拓展油气进口通道，加强与周边国家和地区跨境电网互联，构建与"一带一路"沿线国家和地区能源互联互通的基础设施网络，为统筹利用国内国际"两个市场、两种资源"、更好地建设全国统一的能源市场提供基础支撑。

11.6.1 完善"一带一路"煤炭进口通道

对接主要煤炭进口国家和地区，构建"陆海并重"煤炭进口通道。

海上进口通道方面，面向澳大利亚、印度尼西亚、俄罗斯、南非等进口煤炭来源国，完善印度尼西亚萨马林达港—马尼拉港—广州港、澳大利亚纽卡斯尔港—敦斯维尔港—达钦阿斯港—广州港、俄罗斯符拉迪沃斯托克港—釜山港—青岛港、菲律宾八大雁港—高雄港—上海港、越南胡志明港—广州港、新西兰奥克兰港—布里斯班港—桑托斯港—拉包尔港—格罗尔港—那坝港—上海港、南非理查兹贝港—路易斯港—马累港—约翰巴鲁港—胡志明港—广州港7条进口煤炭海运航线，强化我国沿海港口的煤炭接卸、仓储和转运能力。

陆上进口通道方面，面向蒙古国和俄罗斯，加快中蒙、中俄、中蒙俄跨境铁路新建线路和既有线路升级改造，进一步提升满洲里、绥芬河、二连浩特、甘其毛都、策克、满都拉等口岸的通货能力。

11.6.2 拓展"一带一路"油气进口通道

坚持通道多元、海陆并举、均衡发展，巩固和完善西北、东北、西南和海上油气进口通道，促进与"一带一路"合作伙伴能源互联互通，全面提升油气供需互补互济水平。陆上进口通道加强与"一带一路"沿线国家和地区油气管网设施的互联互通，共同推动中俄原油管道二线、中俄天然气管道东线、中亚—中国天然气管道 D 线等项目建设，充分发挥现有中缅原油、天然气管道输送能力，维护输油、输气管道等运输通道安全。海上进口设施坚持适度超前、适时建设的原则，优化沿海 LNG 接收站布局，在天然气需求量大、应急调峰能力要求高的环渤海、长三角、东南沿海地区，优先扩大已建 LNG 接收站储存、转运能力，规划建设一批 LNG 接收站；开展 LNG 江海联运试点，规划建设芜湖等长江 LNG 内河接收（转运）站；结合沿海炼化基地需求，充分利用现有原油公共码头装卸能力，有序推进原油码头改扩建，适度新建原油码头。

11.6.3　加强与周边国家跨境电网互联互通

依托全球能源互联网，聚焦"六大经济走廊"，推动我国与周边国家跨境电网互联：沿新亚欧大陆桥经济走廊，建设哈萨克斯坦至中国±800 千伏直流输电通道，将清洁能源输送至我国西北地区；沿中蒙俄经济走廊，建设蒙—中—韩—日、中—俄、中—朝—韩三大通道多个直流输电工程，连接俄罗斯远东和蒙古国清洁能源基地与我国华北东北负荷中心，构建环渤海、环黑龙江流域，横向连接蒙古南部至我国华北地区的"三环一横"跨国电网互联格局；沿中国—中亚—西亚经济走廊，建设吉尔吉斯斯坦至我国直流输电工程，实现水光互济；沿孟中印缅经济走廊，建设中国—缅甸—孟加拉国±660 千伏直流输电工程，近期解决缅甸、孟加拉国缺电问题，远期实现丰枯互济；同时，建设缅甸、中国至印度 3 条±800 千伏的直流输电工程，形成中国、缅甸、孟加拉国和印度电网跨境互联格局；沿中巴经济走廊，建设我国新疆—巴基斯坦±660 千伏和±800 千伏直流输电工程，实现我国西部地区和巴基斯坦电网的互联互通；沿中国—中南半岛经济走廊，建设我国至缅甸、老挝、越南多个直流输电工程。

实践探索篇

第十二章
有效市场：典型现代流通企业创新做法

作为市场化程度比较高的国民经济组成部分，现代流通体系建设必须充分发挥市场对资源配置的决定性作用，流通企业作为流通市场中的经营主体，是开展现代流通体系建设实践的主要角色。以河南万邦、厦门象屿、永辉超市、银泰百货、上海泓明、物产中大、厦门建发等为代表的流通企业，在包括农产品流通、消费品流通和工业生产资料流通在内的流通各领域，积极探索，勇于创新，形成了一批具备推广价值的发展经验，成为推动流通体系现代化发展的重要力量。

12.1 河南万邦国际农产品物流股份有限公司立足"七化"实现市场转型升级创新

12.1.1 企业概况

多年来，河南万邦国际农产品物流股份有限公司（以下简称"河南万邦"）秉持"立足三农、服务民生、奉献社会"的企业宗旨，坚持"立足中牟、服务全省、面向全国、走向世界"的发展理念，经营规模不断壮大，带动性日益增强，影响力持续提升。公司业务涵盖农产品市场运营、农业生产、冷链物流、生鲜电商、进出口贸易及"一带一路"境外农业示范区等全产业链，荣获4A级物流企业、全国供应链创新与应用示范企业、国家级服务业标准化试点（商贸流通专项）、农业产业化国家重点龙头企业、国家级"星创天地"、全国"万企帮万村"精准扶贫行动先进民营企业、首批河南省物流

"豫军"企业、河南省冷链物流示范园区等荣誉称号。河南万邦销售品类涵盖蔬菜、果品、水产品、粮油、调味品、肉类副食等十大类数万种产品，2022年度实现各类农副产品交易量 1500 万吨，交易额 800 亿元，带动各类从业人员 20 万人，在全国"南菜北运""西果东输""北粮南调"流通体系中发挥着重要的骨干枢纽作用。

12.1.2 创新做法

1. 通过规模化助力农产品流通产业集群发展

依托河南省及郑州市优越的农业、人口、市场及交通区位优势，河南万邦建设的万邦国际农产品物流城规划占地 5300 亩[①]，涵盖果蔬、水产品、冻品、粮油、调味品等多个业态，每个业态均立足高标准、高起点，根据业态属性不同，建设标准化的交易铺位、仓储设施及配套服务等，为全国采购商提供品种齐全、质优价廉、服务周到的"一站式"全球生鲜采购平台，大大加快了农产品流通周转速度，节约了农产品采购、存储与运输成本。物流城固定商户 6500 多家，流动商户 5 万多家，供应链上下游企业数十万家，市场业态丰富，发展繁荣，培育出陈氏阳光、澳航清真、汉粮、佰果轩等知名本土品牌，市场商户营利能力进一步提升。物流城在全国农产品批发市场交易量排名中连续多年位居第一，在全国"南菜北运""西果东输""北粮南调"流通体系中的影响力不断增强，并上榜商务部重点联系商品市场名单等。

2. 通过网络化打造河南省农产品流通网络

为促进农产品物流业转型升级、高质量发展，河南万邦积极构建全省农产品现代流通网络，打造以郑州为中心、以省内区域物流节点城市为支撑、以县域城乡分拨配送网络为基础的"一中心、多节点、全覆盖"体系。在省内各地市二级网络项目方面，该公司启动多家标准化冷链物流园区建设工作。河南万邦将进一步打通生产和消费两端，形成从农产品产地到市民餐桌、从初加工到客户体验的全产业链冷链物流发展模式，打造河南农产品冷链物流

---

① 1 亩约等于 666.6667 平方米。

"豫军"，进一步降本增效，丰富农产品供应，提升应急保障能力。

3. 通过标准化营造良好农产品流通市场经营环境

河南万邦高度重视标准在商贸流通体系中的基础性、战略性和引领性作用，并于 2021 年 7 月入选国家级服务业标准化试点（商贸流通专项）企业名单。该公司已形成相对完善的标准体系，应用国家及行业标准 400 余项，先后总结、制定了多项涵盖农产品市场设施建设、流通管理服务、应急保障、人才培养等方面的企业标准、规章制度、工作流程、岗位职责，大大解决了传统农产品批发市场脏、乱、差、堵和食品安全等突出问题，促进了市场投资建设、运营管理、服务配套由粗放化、低效化向精细化、高效化转型升级，取得了显著成效。

4. 通过公益化发挥农产品流通主渠道作用

第一，完善农产品流通监测预警功能，形成价格风向标。河南万邦建立了标准化的农产品日常监测分析、价格发布与预警机制，依托官方网站，打造了农产品综合信息发布平台，面向采购商、销售商、农户、政府部门等全社会公开，提供每日价格信息、周/月/年度价格分析报告、历年价格曲线图等免费数据，并汇集农产品物流、供需、招商、行业政策等信息，形成价格风向标，为农产品购销、农业生产种植、政府调控等提供参考依据，提高供应链透明度与可控性，对国内农产品产供销起到了积极、有效的指导作用。

第二，加强应急保障，确保民生安全、稳定。疫情期间，作为商务部保供重点农产品批发市场，河南万邦快速响应各级政府号召，先后制定了《万邦国际集团疫情常态化下防疫保供方案》《万邦国际集团紧急情况下防疫保供方案》等，形成了"3621"的防疫保供机制。通过严格贯彻落实内防疫情、外保供应双重使命，河南万邦做到了全场"不加价、不断供、不停运"，免除车辆进出场交易费、减免租金等上亿元，保障了郑州市 90%、河南省 70% 以上的生鲜农产品供应，在全省稳价保供过程中起到了"压舱石"作用。

5. 通过信息化促进线上线下融合发展

为推动市场智能化转型升级，河南万邦组建多人研发团队，自 2021 年以来累计投入研发资金 1000 余万元，通过采用物联网、5G 与人工智能技术，按照线下标准服务流程，全面改造提升农产品批发市场信息化体系，打造了集交易、支付、仓储、物业、结算、物流等应用场景于一体的综合性服务平台。目前，该公司智慧园区系统已在万邦国际农产品物流城果蔬等市场上线运营，主要对市场车辆出入、一卡通、快捷支付、智慧园区 App、铺位管理、无人值守地磅、质检追溯等业务场景进行开发和优化，提升了车辆进出场的速度，提高了采购商交易效率，实现了人、车、货的数字化管理，打造出"智慧农批市场"模式，并推广应用到河南省内多个已开业运营的物流园区和二级市场，逐步实现了园区管理各项业务人、货、场相结合，实现了标准作业、高效运营，起到了降本增效的作用。

6. 通过内外贸一体化，实现两个市场相互促进

为满足国内消费需求，万邦国际农产品物流城已与全球 60 多个国家和地区开展贸易往来，基本实现了准入中国农产品来源国的全覆盖，进口农产品以肉类、粮油、水果、调味品、海产品为主，年进出口贸易额达 200 多亿元，已形成安全、稳定的供应链条。同时，万邦国际农产品物流城通过贸易渠道的双向开拓，将国内绿豆、芸豆、土豆、大蒜、食用菌、苹果、葡萄、柚子、新疆核果类产品等出口至日韩、北美、澳大利亚、印度尼西亚、中国香港等国家和地区。河南万邦与合作伙伴共同开发乌兹别克斯坦布哈拉 100 平方千米农业自由经济区项目，已累计组织中亚绿豆班列 200 多列，组织回运的绿豆贸易量占乌兹别克斯坦出口中国绿豆总量的 50% 左右，绿豆贸易量 20 多万吨，并通过郑州内陆口岸分销到全国市场，形成绿豆"郑州价格"。此外，该公司还建设有泰国榴莲加工厂，越南火龙果、龙眼加工厂，智利、秘鲁车厘子、红提加工厂等几十个境外加工厂，实现了农产品市场"走出去"发展，促进了资源全球配置，更好地服务于国内市场。

7. 通过绿色化促进节能降耗

河南万邦利用市场内闲置的交易区标准化棚顶和屋顶资源，联合第三方，共同建设 60 兆瓦分布式光伏电站，建设面积达 60 多万平方米，每年能发电 6300 万度，促进了清洁生产、可持续发展。为促进节能降耗，河南万邦新建 40 万吨冷库，总库容达 100 万立方米，采用标准更先进、更环保的

NH_3/CO_2 复叠制冷方式,安全性高、环保无污染、综合节能效果好。河南万邦联合第三方机构,在停车场、市场闲置区域等开展高标准的货运车辆充电桩建设项目,为新能源冷链物流车辆更好地开展业务提供了完善的配套支持。

12.2　厦门象屿集团有限公司开展粮食产业链组织一体化创新

12.2.1　企业概况

厦门象屿集团有限公司(以下简称"厦门象屿")成立于 1995 年 11 月 28 日,旗下拥有投资企业 500 余家,2022 年营收超 5600 亿元,员工超 3.4 万人。该公司涵盖大宗商品供应链、城市开发运营、综合金融服务、港口航运、创新孵化等业务领域,致力于成为具有全球竞争力、以供应链为核心的综合性投资控股集团。厦门象屿连续多年入选《财富》世界 500 强、中国企业 500 强、中国服务业企业 500 强、中国 500 最具价值品牌,荣获全国五一劳动奖状、全国"守合同重信用"企业、全国模范劳动关系和谐企业、全国内部审计先进单位、全国企业管理现代化创新成果奖、全国企业文化优秀成果奖、"金蜜蜂企业社会责任·中国榜"领袖型企业、中国企业国际形象建设优秀案例等荣誉。同时,厦门象屿是全国首批国企改革"双百行动"试点,是厦门市国有资本投资公司试点企业,已获得中诚信国际信用评级 AAA 级、联合资信评级 AAA 级、中国对外贸易信用 AAA 级认证等。

12.2.2　创新做法

1. 建立农业产业级互联网平台,健全粮食产业服务功能

为解决农户在购买农资时伪劣多、金融渠道少、送粮门槛高、销售信息不畅等行业问题,厦门象屿建设了农业产业互联网平台,通过线上和线下相结合的方式,利用农业产业互联网平台联通粮食产业链环节,建立粮食种植(前段)、粮食仓储(中段)、粮食流通(后段)3 个联盟大生态,促进业务环节可视化、内部运营管控精细化、数据挖掘分析深度化,推动粮食产业链数

字化转型。

2. 做深粮食产业"一条链",贯通产前、产中和产后

在种植环节,厦门象屿整合农业种植资源,打造综合化种植服务平台,提供农村金融、农资商店、农业技术推广、粮食储备库等多项服务,以构建全过程、全产业链的配套服务体系。

在收储环节,厦门象屿在富锦、依安、北安、绥化、讷河、嫩江、五大连池等粮食主产区建成七大现代化粮食仓储物流中心,总仓储能力逾 1300 万吨,日烘干能力逾 12 万吨。

在物流环节,厦门象屿利用自身供应链资源优势,立足东北、面向全球建设粮食产业物流配套网络,与全国 15 个主要港口建立陆、铁、海三位一体的多式联运物流通道,打通国内、国外市场,形成国内为主、国外为辅的粮食物流格局,服务品种覆盖玉米、水稻、大豆、小麦、高粱、大麦、蛋白粕等。

在深加工环节,厦门象屿已建成富锦、北安、绥化三大深加工产业园区,年玉米深加工能力 350 万吨,拥有亚洲最大单体玉米淀粉加工生产线和世界最大单体苏氨酸、色氨酸生产线,商品淀粉、结晶糖、苏氨酸、色氨酸市场占有率位居国内行业前 3 名。

在销售环节,厦门象屿在南方销区构建长三角、珠三角及长江中上游地区消费市场网络,与国内前十大饲料厂建立了战略合作关系,在大中城市农副产品集散地铺设了稳定的销售网络。

3. 做大粮食深加工产业集群,打造专业化、集约化和规模化粮食产业园

厦门象屿招商合作和自主研发双管齐下,构建了优势产业集群,与入驻产业园企业在产品研发、原料供应、生产运营、物流运输、市场营销等环节全链条协同发展,做大粮食深加工产业园。

4. 整合收、储、运、销、进口等环节,形成粮食收储运"一张网"

厦门象屿串联集港铁路、疏港海运两条运输动脉,同时配套建设内陆公铁联运大通道,打造轴辐式网络,实现了从线到面的北粮南运通道布局,保障了粮食供应链流通效率,形成了粮食收储运"一张网"。在东北区域,

巩固了三省一区两港的东北地区粮食产业布局；在华北区域，以轻重结合的方式做实"三省一江"格局；在西北区域，以榆林象道国际物流园为支点，建设以铁路货运站为基点的西北粮食大通道；在美洲、黑海、中亚及俄罗斯等国家和地区，设立经营支点，并重点在"一带一路"沿线国家和地区建立关键物流节点，与海内外物流企业深度合作，强化从粮食原材料、半成品采购到产成品分拨配送的国内国外全链条流通服务能力，在海外主要粮源国建设收购和物流能力，探索国际粮商发展新格局。

5. 健全风险保障体系，形成风险防控组合拳

厦门象屿始终秉持风控意识、底线思维，将风险管理作为核心生产力，通过防控资信风险、价格风险、货权风险等，从客户、商品、管理等方面形成风险防控组合拳，有效保障了粮食产业链的稳定运行。在管制方面，厦门象屿设置由粮食产业链服务业务部门、总部风控部门、总部稽核部门构成的3道风险管理防线，从保障客户优质、商品聚焦及结构均衡等角度开展风险防控工作；在业务模式风险防控方面，厦门象屿从粮食产业供应链源头入手，严格规避上下家关联、循环贸易、无货物流动、整进整出等高风险业务，减少风险点暴露；在客商资信风险防控方面，厦门象屿持续开发企业客户，严格执行准入和动态跟踪机制；在价格波动风险防控方面，厦门象屿根据客户需求动态调整现货头寸，并通过动态保证金、灵活结算方式、科学运用金融工具等方式进行对冲，减少价格风险；在货权管控风险防控方面，厦门象屿完善"自有+合作"物流体系，匹配相应的制约、查验、提货机制，牢牢掌控货权。

12.3 永辉超市股份有限公司深入推进连锁经营模式创新

12.3.1 企业概况

永辉超市股份有限公司（以下简称"永辉超市"）成立于2001年，2010年在A股上市，是中国企业500强之一。该公司是国家级"流通"及"农业产业化"双龙头企业，是中国大陆首批将生鲜农产品引进现代超市的流通企业之一，通过农超对接，永辉超市以生鲜特色经营及物美价廉的商品得到百姓认可，被誉为"民生超市、百姓永辉"。

12.3.2 创新做法

1. 布局国内外流通网络

在国内流通网络布局方面，永辉超市已经构建起包括常温物流、定温物流以及食品安全实验室在内的"三位一体"的物流体系，打造了源头直采、工厂直发、定制包装等供应链端到端服务，提升了供应链整体效率，并以科技赋能加速建设数字化、自动化物流。截至 2022 年年底，永辉超市已拥有 32 个物流中心、1 个产地仓，物流总面积 120 万平方米，DC（配送中心）日均配送量 130 万箱，DC 最大囤货量 1400 万件，配送范围覆盖全国 29 个省 581 座城市，配送 SKU（库存量单位）数超过 30000 支，配送品类涵盖生鲜农产品等，实现全国物流作业总额 557.3 亿元。在海外流通网络布局方面，永辉超市的生鲜全球直采供应链已覆盖超 23 个国家，涉及包括水果、干货、水产、肉禽等多个品类在内的近 500 种产品，2022 年生鲜进口采购金额达 18.2 亿元。同时，永辉超市还把国内的优质商品带到更多国家，实现出口金额 700 多万美元。

2. 全方位拓展流通渠道

永辉超市将线上业务作为拓展新用户与年轻客群、建立供应链调优和全渠道组织机制的载体，以及实现数字化转型的关键，通过自建"永辉生活"App 和小程序，依托全国 1 亿多的用户基础，千余家门店完善的冷链与仓储设施，以及物流、供应链体系优势，加快推进"仓店合一"经营模式。截至 2022 年年底，"永辉生活"到家业务已覆盖 984 家门店，并根据每个城市的竞争态势、门店的实际情况建成基础全仓 140 个、高标半仓 133 个、店仓一体 433 个，以支撑线上业务的快速发展。2022 年全年永辉超市线上业务总计销售收入 159 亿元，日均订单量 52 万单。此外，在跨境购、一件代发、抖音直播等方面，永辉超市同样积极进行渠道拓展。

3. 深入实施智慧化转型

永辉超市通过数据技术投入，从传统超市转型为互联网科技企业，实现复合型增长。

第一，持续投入数字化建设，统一数据与业务中台，实现业务流程全链路可视、可控。永辉超市自主研发融合全渠道采销、运营、业财管理的全链路零售数字化系统 YHDOS，为全链路数字化运营打下了坚实的基础。

第二，持续推进包括用户数字化、门店数字化、商品供应链数字化、物流中心数字化、管理数字化在内的经营数字化转型。其中，用户数字化实现了新老用户的可视化管理，构建了用户可识别、可分析、可触达、可经营的能力，可精准、高效地为用户匹配商品、渠道、活动等；门店数字化对门店资源和运营过程进行可视化管理，如借助堆头和货架数字化、营销活动数字化工具，通过科学评估门店资源转化效率，指导经营策略调整；商品供应链数字化以数据为"裁判"，建立了透明、科学的商品及供应商评价管理机制，以更高效地选品、汰换、组货、陈列、定价、营（促）销等；物流中心数字化持续推进数字化、自动化设备在物流中心的应用，极大提升了工作效率；管理数字化则通过建立全面、严谨、精细的营运管理体系，实现了实时了解经营状况、监控风险等，及时解决业务"瓶颈"问题。

4. 开展企业间协同合作

永辉超市积极进行供应链资源整合与协同，与京东集团、武汉中百、广东百佳、红旗连锁等企业开展多种形式的供应链合作，包括联合采买、相互采买、外销等。以与京东集团的合作为例，永辉超市与京东集团在供应链、全渠道业务及新业务培育等方面展开了深入合作。在供应链方面，永辉超市分别对水果、蔬菜、水产、母婴、休闲食品、清洁、个护等品类进行试点，双方已初步打通优势商品输出链路；在全渠道业务方面，积极开展到家合作，开拓一件代发业务，业务规模稳步提升；在新业务方面，充分利用双方零售资源优势，共同探索前置仓最佳模型。

12.4　银泰商业（集团）有限公司开展百货业态线上线下融合创新

12.4.1　企业概况

银泰商业（集团）有限公司（以下简称"银泰百货"）起源于 1998 年，

旗下涵盖百货、购物中心等业态。该公司 2007 年成为第一家在香港联合交易所有限公司上市的内地百货公司；2009 年率先由百货公司向购物中心战略转型，全力推进城市综合体、购物中心、"互联网+"产品发展；2010 年成立银泰网，成为第一家斥巨资单独成立合资公司并试水电商的传统零售百货公司；2015 年强化与阿里巴巴集团的深度合作，推动银泰商业互联网化进程。银泰百货引领百货行业的新零售变革——通过人、货、场、脑等商业要素的数字化重构，实现会员通、商品通和服务通。银泰百货致力于建立数字化会员系统和全国首个百货业付费会员体系，整合优化供应链，创新新零售，推出多个"互联网+"产品，着力打造智能化新商场，开创了线上线下相融合的购物场景和运营模式。

12.4.2 创新做法

1. 推动"人"要素数字化，为消费者决策提供全面支持

在运营数字化方面，银泰百货通过会员运营数字化、可视化、流程化、协同化的一站式会员运营平台，实现了会员数量的持续倍增，数字化会员从 400 万人到 800 万人再到 3000 万人，提高了商场所有角色的协同效率。在导购数字化方面，该公司精准量化导购员价值，通过行业销售数字化完成行业人员升级，导购员工作内容数字化从销售扩展到打包发货、发布商品、人员招聘等。在深度拓展行业内容和服务供给方面，该公司助力百货全行业人员提升数据能力，以数据驱动行业人员能力升级，产生了很多细分领域专家、精英导购。

2. 推动"货"要素数字化，实现商品管理运营提速提效

银泰百货先对商品进行单品管理全覆盖，再对 90% 的数字化商品进行货品库存追踪及销售预测管理；对核心关键货品，进行商品生命周期管理，设立新品、畅销、滞销等不同状态的商品标签，根据商品滞销情况提出降价建议等；运用四色管理、畅销品补货系统并通过缺货池运营、补货直接推送等方式，让门店经营者和供应商能够及时进行经营管理。商品数字化的库存管理和销售管理，让品牌方的货品分配与商场达成一致。银泰百货可以根据各门店的营销活动节点,通过数据分析来精准安排到货时间等。

3. 推动"场"要素数字化,实现销售模式创新

在技术变革和需求变革共同驱动下,银泰百货实现了对营销、销售等零售业活动要素的改变。通过推出喵街 App,银泰百货打造了 24 小时不打烊的线上商场,打破了时间和空间的限制,为线下商场提供了线上消费场景,同时为消费者提供线上下单和邮寄到家等服务。目前喵街数字化会员已超 3000 万人,云上专柜超 15000 个,数字化商品达到百万级,可以跨品类、跨业态、跨时间和跨空间进行人货匹配,过去的"人"找"货"变成真正的"货"找"人","物以类聚"的生意变成"人以群分"的生意。

4. 推动"脑"要素数字化,实现业务管理智慧决策

依托阿里体系的丰富资源,银泰百货组建了智能计算专家团队,利用视觉 AI 算法、场内地图建模、IOT 设备和大数据分析技术,助力线下空间实现人体、空间和物品的数字化,旨在打造全新的智能化主动识别管理方案,提升安全管理能力和经营管理效率,目前通过为上万个空间提供智能识别服务,已形成了"数据+AI"的智能计算竞争优势。通过开发韬略系统,银泰百货利用数字化技术帮助专柜提升业绩。韬略系统通过营运动作数字化,能够快速"定位"专柜问题,并利用机器人有效解决问题。

12.5 上海泓明供应链有限公司开展供应链集成服务创新

12.5.1 企业概况

上海泓明供应链有限公司(以下简称"上海泓明")创立于 1995 年,该公司深耕中国集成电路产业供应链多年,在中国数智化产业供应链服务领域具有重要地位。上海泓明在全国 17 个主要城市建立了 30 余个产业供应链卓越中心,打造了以集成电路产业亚太转运中心为枢纽的五级网络层次,以及全国一体化和"保税+"模式的集成电路产业供应链协同专业服务平台,开展了全程设计、全程制造、全程采购和全程维修等供应链共享和协同创新模式,为上海乃至全国集成电路产业集群提供集成电路设计、晶圆制造、封装测试、

设备与材料全场景、全网络和全链路产业配套服务。该公司先后获得各类专利和软件著作权超过 70 项，被评定为上海市高新技术企业、上海市供应链创新与应用示范企业、上海市第三批服务型制造示范平台、工信部第四批服务型制造示范平台（共享制造类）等。

12.5.2 创新做法

1. 搭建一体化产业供应链服务平台，实现全程唯一码管理

上海泓明独创扩展型"M+1+N"智慧供应链模型，应用人工智能、物联网、云计算和大数据等新兴数字化技术，为集成电路产业生态链中企业打造一体化产业供应链协同专业服务平台，通过唯一码对供应链节点进行订、贸、关、仓、包、运、配、修全程管控。产业供应链协同专业服务平台基于调剂平台、供应链引擎、数字维修三大模块功能，为产业链中的设备厂商、制造企业、维修企业提供赋能支持，对三者涉及的各类需求，通过平台进行协同，互相匹配。此外，上海泓明借助产业供应链协同专业服务平台的监测模块，能够实时监测平台业务量，并根据数据自动进行调班，做到了在大幅提升企业效率的同时差错率趋近于零。

2. 提供四大配套供应链服务，全场景服务集成电路产业链

产业供应链协同专业服务平台围绕全程设计、全程采购、全程制造和全程维修等供应链共享和协同创新模式，全场景、全网络、全链路服务于集成电路产业链。平台借助数字化手段，根据不同场景和痛点，通过多模块组合模式，帮助企业协同管理；应用人工智能、物联网、云计算和大数据等新兴数字化技术，建立基于唯一识别码和"三账五流"的集成电路设计供应链专业服务模块，为集成电路研发设计企业提供全流程服务、一站式管理的政策功能服务。除供应链协同管理模块外，平台还基于目前的国际形势，增加了贸易合规方面的智能预警和风险管控服务，以帮助企业更好地做好贸易合规。

3. 创新政府监管模式，助推 CCC 免办项目立法

依托自由贸易试验区和浦东新区综合改革试点，上海泓明成为全国首个供应链 CCC（强制性产品认证）免办便捷通道企业，通过制定集成电路供应

服务团体标准和全程唯一码和数字围网的可视化物流追溯及维修服务平台，将过去事中审批"点式"监管优化成事前准入和事后核查的"链式"监管，实现进口集成电路零部件"零等待"放行，将进口集成电路零部件平均时间缩短了2天，获益集成电路研发制造企业超200家，助力缓解浦东新区进口集成电路设备及零部件"卡脖子"难题。此项制度不仅为企业带来了便利，也为中国集成电路产业集群高质量发展提供了稳链保障。

12.6 物产中大集团股份有限公司开展商产融一体化发展创新

12.6.1 企业概况

物产中大集团股份有限公司（以下简称"物产中大"）是浙江省属特大型国有控股上市公司，致力于成为中国智慧供应链集成服务引领者。集团拥有各级成员单位超500家，员工逾2万人，办有1所企业大学，业务范围覆盖全球90多个国家和地区。物产中大的产业结构是"一体两翼"，即以智慧供应链集成服务为主体，以金融服务与高端制造为两翼，全力构建战略协同、周期对冲、产融结合的业务格局。智慧供应链集成服务作为主营业务板块，金属、能源、化工、汽车服务等核心业务营收规模始终保持全国前列。金融服务板块以"两融两商"即供应链金融服务商、综合金融服务提供商为发展目标，目前已形成融资租赁、期货、财务公司、典当、平台交易、寿险、保理、资产管理的综合金融服务平台架构。高端制造板块是战略业务培育中心、发展后劲中心、科技创新中心以及细分领域龙头企业的集中区，线缆、不锈钢等特色工业品种增势明显。

12.6.2 创新做法

1. 布局国内国际能源流通网络，成为行业领先的能源贸易集成服务商

在国内流通渠道布局方面，物产中大着力增强国内能源生产保障能力，充分发挥煤炭主体能源作用，与国能集团、晋能控股、中煤集团等大型供应商形成了良好的、稳定的合作关系，在秦皇岛、京唐港、曹妃甸、天津港等主要中转港设有办事处，为上下游企业提供供应链集成服务。主要体现：落实年度电煤中长期合同签订，巩固长协采购优势；通过与上游资源方设立合资公司，拓宽采购渠道，实现业务向上游延伸；探索完善新型业务模式，助力公司煤炭贸易优化升级，提升客户服务水平。

在国外流通网络拓展方面，物产中大积极响应国家号召，依托长期深耕积淀的能源贸易链优势，与"一带一路"沿线国家和地区加强合作，持续提升公司海外市场影响力。主要体现：深度开展海外煤炭市场的调研工作，积极开发与跟踪国际客户需求，维护客商资源，为公司运行提供信息平台；加强与国外矿山、贸易商的沟通互动，进一步开拓进出口业务，加大在海外办事处招聘当地员工的力度，结合国内员工轮岗派遣的形式构建稳定的人员配置。

2. 依托物流网络延伸服务链条，实现物流集成服务全产业发展

一是实现物流网络精准布点。物产中大围绕长江经济带、环渤海经济圈、粤港澳大湾区、北部湾新区等"三湾一带"选择具有战略意义的咽喉节点、具有区域服务支撑作用的中心点、具有辐射终端作用的物流节点或配送中心，坚定不移地打造"弓箭型"仓储网络集群，完善物流网络布局，在全国 24 个大中型城市布局物流网点 178 个，管理仓储面积达 235 万平方米，总库容达 510 万吨，占钢材社会总库存的 25.5%；自有船舶 3 条，整合社会运力 4000 余辆，开通运输专线 10 余条，形成 9 条运输黄金通道。

二是打造"物流网络+"全产业服务链条。物产中大充分发挥资源整合能力、网络辐射与协同支持能力、方案设计能力、金融服务能力、数字化能力，实现"产业链""服务链""供应链""价值链"四链联动，统筹优化仓储、装卸、加工、包装、运输、配送、集采、资金融通、价格管理、国际货代等一系列相关服务，以宝武钢铁、鞍钢集团、承钢商贸、酒钢等为重点上游供货渠道，以奥克斯、吉利汽车、浙江企鹅、宁波翔泽、汇金等为下游终端/次终端及中间商，提供一站式接单、一体化服务，服务涵盖汽车制造、机械装备、纺织等产业集群客户 2 万余家。

3. 构建供应链集成化服务平台，为中小企业提供供应链金融服务

物产中大立足多年积累的供应链管理能力和资源配置优势，构建供应链集成化服务平台，紧密联结供应商、金融机构、物流企业等环节，为企业提供供应链金融服务，实现了采销、生产、库存的动态互联，以及要素"零闲置"，帮助中小经营企业降低融资成本约 2 个百分点，单吨原料成本降低约 100 元，企业生产效益得到显著提升。同时，面对行业价格波动和风险敞口，该公司设计了一系列期货套保、场外期权等衍生品风险管理创新方案。截至 2023 年，供应链集成化服务平台已累计服务浙江海宁经编产业园区及周边企业 1300 余家，向中小实体企业客户提供供应链流动资金超过 120 亿元，帮助周转原材料采购货款超过 2 万单，承载定向支付原材料合计金额超过 120 亿元。

12.7 厦门建发股份有限公司开展浆纸产业互联网平台服务创新

12.7.1 企业概况

厦门建发股份有限公司（以下简称"厦门建发"）于 1998 年由厦门建发集团有限公司独家发起设立并在上海证券交易所上市。公司业务始于 1980 年，该公司立足"LIFT 供应链服务"，致力于成为国际领先的供应链运营商，业务涵盖钢铁、浆纸、汽车、农产品、消费品、能化、矿产、新兴行业等领域。公司连续多年被评为 AAA 级资信企业，是《财富》世界 500 强企业，获评首批全国供应链创新与应用示范企业。近年来，厦门建发坚持专业化经营，加快国际化布局，强化科技与金融双赋能，以及投资与物流双支持，持续提升供应链服务价值，构建差异化竞争优势，实现了规模和效益稳步增长，2022 年营业收入达 8328.12 亿元，其中供应链业务实现营业收入 6963.19 亿元，多个核心品类供应链业务规模保持行业领先地位。

12.7.2 创新做法

1. 搭建产业互联网平台，推出数字化整体解决方案

厦门建发打造了浆纸产业互联网平台，推出以交易为核心的浆纸产业数字化整体解决方案，将浆纸产业传统线下交易流程中找货源、查库存、询货价、下订单、签合同等多层级的、孤立的交易环节转变为一体化的线上交易模式。下游客户接入浆纸产业互联网平台，可以直接获取国内外市场全品类优质浆纸一手货源，厦门建发打破上游到下游的多层级渠道壁垒，同时引入"建发 E 建签"电子签约服务，大幅降低了下游客户在交易环节的时间、渠道、议价、资金等成本。

2. 打通产业上下游数据通道，构建数字化生态圈

厦门建发与腾讯达成战略合作，将自身在浆纸供应链领域的专业经验、服务优势与腾讯对数字技术的深刻理解相结合，对浆纸产业互联网平台加以升级，为浆纸产业上下游企业提供全方位、高品质的供应链服务。厦门建发依托平台，与浆纸产业链中的企业共同制定统一的系统数据标准，形成浆纸产业系统数据规范。上游国际浆厂、中游造纸厂可接收全国各地的市场销售和库存信息，结合采购和物流配送实时信息，可以根据大数据实时调整生产计划，灵活调配采购、出货规格、数量，以及人工智能，精准规划采购和生产。金融机构和物流机构可根据浆纸产业链企业需求，结合企业的生产、销售信息，提供优质的、有针对性的金融服务和储运服务。

3. 整合行情信息，反映市场脉动，构建信息共享生态

厦门建发依托浆纸产业互联网平台定期发布行情信息，展示浆纸商品外商对华报价和国内报价、供应情况，并提供智能数据分析服务，建设了权威性行情、报价和资讯渠道窗口，有效降低了信息来源封闭、渠道分散造成的风险，实现了信息共享。用户借此可轻松了解各类浆纸产品的价格变化趋势，实时把握市场脉动，进而辅助做出业务决策，提升产业效率。同时，厦门建发创造性地推出直播节目"浆将三人行"，定期邀请纸浆产业专家在线分享产业热点，与大家共同探究浆纸市场大势，致力于与上下游携手打造独有的产业信息共享生态。

4. 加强产业数字化风控体系和信用评价体系建设

厦门建发依托浆纸产业互联网平台，构建并完善了浆纸产业数字信用评价体系，推出了面向中小企业订货需求的订单融资供应链金融服务。厦门建

发引入金融机构，通过为金融机构提供供应链授信依据，为客户提供纯线上全流程、无须抵质押物、按日计息、随借随还的金融服务。此外，采用人工智能、大数据技术等，打造数字化风控体系和信用评价体系，实现了浆纸产业交易全程风控智能化；采用区块链技术，构建"建发 E 建签"电子签约平台，为浆纸产业互联网平台的核心交易"保驾护航"；通过"建发 E 企查"智能查询和分析企业基础数据和交易数据，结合"建发 E 风控"，实现对交易过程的全程、实时监控。

第十三章

有为政府：典型地区现代流通体系建设经验

现代流通体系具有典型的网络经济和规模经济特性，仅依靠流通企业的市场自发行为难以形成高效组织化的运行模式，不利于全社会流通效率提升、成本降低和价值释放。现代流通体系建设中，政府必须更好地发挥作用，在顶层规划设计、基础设施建设、市场环境打造、标准规范应用、科技创新和人才培育等方面主动作为，为现代流通营造良好的发展环境。下面以上海市、广东省和湖北省为代表，介绍政府部门推进现代流通体系建设的有益经验。

13.1 上海市建设以国际化为特征的现代流通体系

作为国内大循环的中心节点和国内国际双循环的战略连接点，上海市围绕综合型现代流通战略支点城市建设要求，加快国际贸易中心和国际航运中心建设步伐，积极用好国内和国际两个市场，发挥好两种资源的配置能力，努力提升区域服务能力和国际竞争力。

13.1.1 加快航贸数字化基础设施建设，提升贸易便利化水平

1. 建设跨境贸易区块链枢纽

一是加强区块链数字底座建设，增强分布式数字身份、数字签署、隐私计算、智能合约等通用服务模块功能；二是推进航贸区块链公共服务平台上海枢纽建设，推动业务流、资金流等相关数据上链共享，支持各类港航生态圈平台开展航运贸易场景应用；三是加快国际贸易"单一窗口""跨境通"等平台的区块链接入步伐，加强贸易商、金融机构、链主企业、物流商等数

据上链流转，壮大区块链赋能应用的贸易数字化生态圈。

2. 加强口岸数字化基础设施建设

一是依托"单一窗口"建设企业主题库、外贸企业标签画像主题库、实时货物全链路主题库等，提升贸易主体对货物通关时效的感知度，为贸易主体提供更高效、更便利的服务；二是加大数据安全保护力度，探索口岸相关数据安全有序开放，集聚、培育一批外贸和口岸服务类创新型企业，推动以数据为基础的精准服务，为外贸企业提供数字化支持；三是夯实口岸智能作业基础设施，围绕港内集装箱水平运输、港口集疏运等自动驾驶场景，持续推进传统码头自动化升级改造。

3. 建设航贸大数据平台

一是开发航贸大模型，结合深度学习和自然语言处理技术，打造航贸领域生成式人工智能；二是搭建航贸公共数据运营平台，推进跨部门和跨系统数据共享；三是搭建海运、航空运输、跨境班列等物流公共信息平台，与相关平台实现数据共享与双向赋能；四是提供与国际标准接轨的航运物流碳排放测算、碳足迹跟踪等碳管理服务；五是深化长三角国际贸易"单一窗口"合作共建，支持沿江重点口岸业务合作；六是率先与新加坡开展"一次申报，双边通关"验证和企业试点，推动与更多境外国家和地区港口或"单一窗口"开展互联互通、单证交换；七是升级"单一窗口"跨境贸易智慧金融服务体系，实现跨境结算从在线化向智能化升级、从线下融资向线上普惠信贷升级；八是完善出口信用保险"一站式"服务功能，探索保单融资新模式。

4. 加快数字技术与港口建设深度融合

一是建设上海港生产智慧指挥中心，打造世界级数字孪生港口，推广应用自动化码头技术，实施洋山港智能集卡商业化等示范项目；二是制定港航区块链技术规范、航运大数据分类编码标准；三是聚焦大数据服务能力提升，通过建设大数据实验室、航运数据库等方式，提升船舶技术服务能力；四是打造上海港数字服务生态圈，推动航运一门式查询、一站式服务、一班制运行、一体化监管，同时，加强与中国（上海）国际贸易单一窗口的协同，进一步构建航贸数据要素流通体系。

5. 探索推进长三角智慧海关合作共建

探索推进长三角智慧海关合作共建，应当发挥长三角五关各自优势，聚焦供应链产业链运作场景，依靠改革和科技"双轮驱动"，打造监管顺势智能、通关便利无感、风险精准可控、管理协同顺畅、资源配置科学、服务便捷高效的长三角海关一体化监管服务模式，促进更高水平对外开放，服务区域外贸高质量发展。

6. 推动电子单证跨境交换流转

一是推动电子发票国际标准应用，探索基于电子发票监管的数据支持技术，为贸易主体提供电子发票存证等服务；二是基于国际贸易"单一窗口"拓展电子提单相关应用，加快在业务上下游关联方和监管部门流转、共享监管数据和贸易物流数据；三是推动提单、发票、合同、保单等有效单据上链，支持贸易主体应用电子合同、电子原产地证书，满足单证业务在线交换及验证需求。

13.1.2 构建绿色低碳供应链体系，积极应对绿色贸易壁垒

1. 提升贸易绿色认证国际认可度

一是组织开展"产品碳足迹核算标准"研制，研究完善钢铁、汽车、电池、电子信息产品等重点行业产品碳核算边界和技术标准，形成碳排放核算标准体系；二是建立与国际接轨的碳认证技术规范，支持国际第三方碳核查认证机构开展碳排放核查认证服务，帮助外贸出口企业提升碳管理能力；三是鼓励行业协会、科研单位、企业、机构等参与碳足迹方法学研究、技术规范制定等交流合作，推动碳足迹国际国内衔接互认。

2. 提升碳排放权交易市场功能

一是按照国家部署，逐步将钢铁、有色金属、石化、化工、建材、民航等行业纳入碳排放权交易市场，并将甲烷（CH_4）、氧化亚氮（N_2O）等6类温室气体纳入交易体系，扩大行业及温室气体覆盖范围；二是进一步拓展碳交易参与行业、主体范围，探索建设长三角区域试点碳交易市场。按照国家统一部署，做好纳入全国碳排放权交易市场行业企业的数据质量管理，结合

碳普惠正向引导机制，量化记录企业减排行为，丰富转让注销、政策支持等消纳渠道；三是鼓励开展碳回购、碳质押、碳指数等碳金融服务创新；四是依托全国碳排放权交易市场，加强碳交易领域国际合作，积极推动与欧盟、韩国等国家和地区碳市场交易互认。

3. 推动绿色贸易新业态蓬勃发展

一是开展汽车、高端电子产品等重点行业国外先进再制造产品进口试点，推进国际分拨再制造进口试点，探索推动医疗器械再制造成品国际分拨等新型业务；二是加快推动高端装备、工程机械等重点行业领域保税再制造试点；三是开展绿色氢基产品贸易和全球投资试点，前瞻布局绿色能源国际贸易软硬件环境建设，支持出口企业生产活动对绿色能源的新需求；四是加强绿色低碳领域国际合作，组织企业参加国内外知名展会，争取国际绿色低碳循环经济领域的国际组织、展会及论坛品牌落地。

4. 推动港口基础设施低碳转型

第一，拓展国内外绿色航运走廊，积极拓展上海港与全球主要港口（如鹿特丹、汉堡、纽约等）之间的绿色航运走廊，并借鉴"泛波罗的海绿色航运走廊"建设经验，发挥上海在长三角排放控制方面的基础优势，在此基础上，探索建立长三角内河绿色航运走廊。

第二，持续优化能源结构，抢抓航运能源加速向绿色清洁燃料过渡的关键窗口期，加快港口绿色化改造，推进低碳零碳燃料整机及关键零部件技术研究，并加快海港专业化泊位和内河码头岸电设施建设，推进船舶受电设施改造，提高岸电设施覆盖率和使用率。

5. 建设绿色低碳供应链管理服务平台

一是聚焦设计、采购、制造、物流、销售、回收利用等环节，建立健全产品全生命周期绿色低碳供应链管理应用体系；二是围绕绿色产品进出口货物目录，推动新能源汽车、新能源装备、绿色能源、绿色食品、绿色材料等优势产品出口，控制高能耗高排放产品进口；三是探索建设绿色氢基产品等绿色能源的国际贸易平台。

6. 支持企业提升 ESG 能力和水平

一是鼓励国有控股上市公司规范编制和披露 ESG 报告，鼓励在沪外资企业将其在华 ESG 案例纳入总部 ESG 报告；二是支持本市行业协会、社会组织等牵头制定 ESG 标准及规则指引，参与 ESG 国际标准制定和规则推广；三是支持符合条件的境内外金融机构和企业在上海金融市场发行 ESG 主题债券；四是大力引进一批国内外知名 ESG 相关专业服务机构落户。

13.1.3 着力提升流通枢纽功能，畅通国内外商品流通

1. 提升大宗商品贸易平台能级

一是支持大宗商品交易平台探索打造离岸在岸结合的交易功能；二是支持上海石油天然气交易中心等大宗商品交易平台与上海期货交易所、上海清算所等国家级要素市场加强合作，深化期现联动试点，完善跨行跨境现货清算结算功能和供应链金融支撑服务；三是支持全国性大宗商品仓单注册登记中心有序推进完税标准仓单、非标仓单的登记上链，完成查询、质押、交易、贸易等全链条闭环，推动建立全国性大宗商品仓单注册登记协会，争取中国证监会等支持；四是试点放开商业银行参与境内商品期货市场的政策限制，提升大宗商品交易规模和国际定价影响力。

2. 打造国际中转集拼中心

一是促进洋山深水港区国际转运业务发展，试点出口集拼货源提前进入国际中转集拼仓库，搭建"一站式"公共服务平台，提高国际中转集拼货物申报、审核、放行等全流程便利化水平，试点开展区港一体化管理；二是推动浦东国际机场航空中转集拼中心建设，顺应供应链升级背景下航空运输重要性日益上升的新趋势，立足浦东国际机场全球货邮吞吐量领先优势，支持换总运单的集拼以及出口货物、转运货物的混拼，支持快件和普通货物同仓存储、混合运作，进一步提升航空运输国际中转集拼能力。

3. 优化内外贸一体化制度环境

第一，促进内外贸标准认证衔接和监管体制创新。一是根据国家相关法律法规，适时修订妨碍内外贸一体化发展的地方性法规和规范性文件；二是

推动采用国际先进标准，持续提升国际国内标准一致性；三是支持行业协会、企事业单位承担更多标准化技术机构的秘书处工作，承办各类国际标准化活动。

第二，简化出口转内销相关强制性产品认证程序，缩短办理时间。一是支持检验检测、认证认可等第三方机构为内外贸企业提供一站式服务；二是支持龙头企业加强与全球产业链上下游企业的协作，积极提交新技术领域国际标准提案，共同制定国际标准；三是支持各行业协会与境外政府、行业协会、国际组织签署合作备忘录，开展规则、标准、资格互认；四是支持龙头企业、专业机构负责人在国际组织和行业协会中任职。

13.1.4　积极培育高能级流通主体，增强资源要素配置能力

1. 培育一批综合实力贸易商

一是支持贸易商向综合业务贸易商升级，鼓励功能型总部升级为综合型总部，强化以技术、标准、品牌、质量和服务为核心的竞争新优势；二是支持贸易商积极创建和收购品牌，拓展营销渠道，鼓励贸易商创建中国驰名商标、进入国际品牌价值榜单；三是鼓励各区和功能区支持有实力的贸易商开展并购，整合资源做大做强，对经认定的有效并购重组事项给予支持，对于能级提升明显、发展壮大成效明显、经济贡献较为突出的贸易商，经认后定给予能级提升专项扶持。

2. 培育壮大一批新兴业态贸易商

一是深化国家特色服务出口基地、中国服务外包示范城市、中国跨境电子商务综合试验区等建设；二是加快引进和培育一批从事数字贸易、跨境电商、国际分拨业务的新型贸易商，以推动新型国际贸易业态发展；三是支持跨境电商平台发展，推动企业共建共享海外仓，为跨境电商办理退税等提供便利，围绕跨境电商平台、物流、支付等环节培育一批标杆企业；四是支持贸易商开展离岸贸易、保税维修业务及设立国际分拨中心等，扩大市级离岸经贸业务企业白名单以及国际分拨中心认定范围，持续壮大新型贸易主体规模。

3. 推动流通数字化升级

一是鼓励流通企业利用数字技术开展精准营销，探索跨境直播、社交电商、短视频、搜索引擎、小程序电商等营销新模式、新渠道，支持流通企业与知名电商平台合作，推动营销展示数字化；二是深化数字技术在跨境通关、物流仓储调配及供应链管理、融资以及金融支付、售后服务中的应用，全面推动流通企业物流仓储数字化、金融服务数字化以及售后服务数字化；三是培育一批可提供数字化解决方案的优质服务企业，为流通企业提供数字化转型所需的人才培养、技术输出、转型咨询等一体化服务。

4. 提升专业服务业国际化能力

一是重点围绕金融、法律、知识产权、会计、咨询、物流、检验检测认证、广告等专业服务领域，实施更大力度的推进举措；二是对标 CPTPP（全面与进步跨太平洋伙伴关系协定）、DEPA（数字经济伙伴关系协定）、RCEP 等国际高标准经贸规则，深入实施国家服务业扩大开放综合试点，推动专业服务业在行业准入、资质要求等方面实行更大力度开放，探索推进职业资格、服务标准、认证认可等领域规则对接；三是对境外回流高端紧缺人才、具有技术先进型服务业资格的专业服务机构实施更为优惠的税收安排；四是支持重点专业服务机构引进高端人才，在居留落户、子女入学、医疗保障、人才公寓、出入境等方面给予支持。

13.1.5 提升设施服务水平，提高现代流通战略支点城市辐射能级

1. 继续提升港口设施服务能力

一是推进小洋山北侧综合开发，推动罗泾等本市重要港区转型发展，重点完善港口服务结构，不断提升上海港集装箱、汽车滚装运输规模和能级；二是以长三角一体化发展国家战略为引领，完善长三角各地区对接上海港的海铁联运通道，布局内陆集装箱码头，支持港口企业以资本为纽带，输出管理技术等，提升对货源腹地的服务能力，强化物流集疏运组织水平，推进形成"连接苏浙、对接海港"的高等级航道格局。

2. 提升港口集疏运效率和能级

一是稳步推进"海铁联运"基础设施建设，包括沪乍杭铁路、外高桥港区铁路专用线及疏港道路，沿江通道浦西段、浦东段等港口集疏运道路等，解决铁路集疏运设施"最后一公里"问题，提升本市集疏运体系服务能级；二是构建高效通达的货运枢纽体系，提升联运基础设施衔接水平，优化多式联运组织模式，有效补齐跨区域"水水中转"短板；三是推进江（河）海联运和江（河）海直达运输，加快打通河海直达通道，补齐河海衔接"最后一公里"短板；结合沪通铁路二期建设项目，加快建设外高桥铁路集装箱货运站和进港作业线。

3. 提升长三角世界级机场群协同发展水平

一是充分发挥长江三角洲地区民航协同发展战略规划推进工作专班和长三角区域民航"4+1"沟通协商机制作用，在设施共建、运行协同、服务共享、监管互认等方面推动形成目标同向、措施一体、优势互补、合作共赢的区域机场协同发展格局；二是推动中国民用航空华东地区管理局与东部战区空军部队建立军民航融合发展平台，围绕空域资源使用效率提高、航空管理能力水平提升、先进航空运行技术对标等开展合作，加强沟通协调，有效利用有限空域资源。

4. 推动建设长三角地区空域精细化发展格局

一是充分利用已经建成的管理改革试点平台，推进长三角区域民航关键资源配置的统一规划、统筹布局、协同审批；二是利用长三角一体化发展契机，联合"沪苏浙皖"三省一市，围绕空域当前的主要问题和地方发展的主要方向，增加进出上海、杭州、南京等大型终端管制区端口，新增、优化外围高空航线，带动整个华东地区航班安全、高效运行。

5. 推动冷链物流基础设施的物联化

一是以城市转型为契机，利用大数据、物联网等相关技术，构建全链条全场景的数字化，实现物流全场景的智能化，为冷链物流实现全链条一体化运作和精准管控提供有力支撑；二是通过数字化手段建立透明化、可追溯的供应链体系，匹配建设对应的冷链物流网络基础设施，支撑农村电商实现产销线上对接，尽可能降低生鲜农产品的腐损率，提高冷链流通品控质量；三是加快新业态融合发展，探索冷链物流的创新模式，通过掌上菜场部署、社区门店信息化改造、社区智能终端柜投放、无人销售网点建设等数字商贸新业态，促进农产品销售便捷化、精准化、智慧化，打通农产品供应链"最后一公里"。

13.1.6 打造一流营商环境，促进要素自由有序流通

1. 深化完善市场准入服务

全面落实企业名称申报承诺制，完善核名争议解决机制；建立企业住所标准化登记信息库，依托数据核验简化企业住所登记材料；结合城乡社区服务体系建设，为居民服务业个体工商户提供登记地；规范集中登记地认定和管理，引导集中登记地企业守法经营；根据国家受益所有人信息备案制度，适时开展受益所有人信息备案；依托全国统一电子营业执照系统及"经营主体身份码"，全面推广应用"一企、一照、一码"，推出更多前瞻性、引领性、普惠性创新应用场景；探索推动企业登记信息变更后在有关部门业务系统中自动更新。

2. 不断扩大金融服务惠及面

一是落实"敢贷、愿贷、能贷、会贷"长效机制，提高企业融资对接和贷款审批发放效率，推动普惠小微贷款增量扩面；二是推动大数据普惠金融应用增量扩面，加强"信易贷"、银税互动、地方征信等平台建设和产品服务创新；三是支持企业以应收账款申请担保融资，机关、事业单位作为应付款方收到确权请求的，及时确认债权债务关系；四是优化动产融资统一登记公示系统功能，进一步提升登记和查询便利度；五是落实绿色融资、担保交易、电子支付等领域相关监管政策，优化、完善落地机制；六是推动实施绿色信贷相关政策，鼓励企业在申请绿色贷款时主动提交环境、社会和治理风险报告。

3. 营造更加透明高效的执法环境

一是加强信息公开，提前公开各部门年度行政检查计划；二是探索

"一业一查""综合查一次"等新模式，以部门联合"双随机、一公开"监管为基本方式，两个以上部门对同一监管对象实施不同行政检查且可以同时开展的，原则上应实行跨部门联合检查；三是推广应用"检查码"，进一步规范涉企行政检查，开展行政检查监管效能评估；四是进一步健全完善行政执法裁量权基准，深化包容审慎监管，依法拓展不予行政处罚事项范围，细化减轻行政处罚事项标准；五是严厉查处侵犯知识产权、不正当竞争、职务侵占等影响市场健康发展和企业正常经营的违法犯罪行为，切实维护市场秩序。

13.2　广东省建设以流通功能创新为特色的现代流通体系

广东省立足激发现代流通对经济高质量发展的支撑、联通、撬动功能，积极推进流通体系由积极适应向主动引领跃升，由相对独立向一体化融合发展跃升，由规模数量扩张向质量效益提升跃升，由要素推动向创新驱动跃升，以现代流通功能创新示范区为核心抓手，构建"三个世界一流""四个国际枢纽""五个战略要地"现代流通体系。

13.2.1　建设现代流通功能创新示范区

1. 统一市场规则创新示范区

广东省着眼于建设全国统一大市场，消除行业和区域壁垒，推动建设了深圳沙头角深港国际消费示范区、广州南沙规则衔接创新示范区、珠海横琴粤澳一体化创新示范区和深圳要素市场化配置先行示范区。

（1）深圳沙头角深港国际消费示范区

以深港边境区域联合开放制度为创新重点，顺应沙头角区域得以释放的行政空间优势，破除深港贸易一体化的"隐形壁垒"；发挥中英街特色人文和境内关外优势，推动跨境购物商业中心等载体建设，加速特色购物、跨境电商等各类要素集聚，促进深港跨境旅游、消费融合发展。

（2）广州南沙规则衔接创新示范区

以内地与港澳规则衔接创新为重点，依托南沙粤港澳全面合作示范区推进营商环境创新试点；创新粤港深度合作园开发建设合作模式，重点聚焦基础设施建设和产业导入；引进港澳及国际知名医疗机构和国际学校，营造与港澳相衔接的公共服务和社会管理环境；探索开展首创性、差异性制度改革，推出创新链、产业链、资金链、人才链"四链融合"的升级版区域产业政策体系，支持广州南沙打造一批特色合作基地。

（3）珠海横琴粤澳一体化创新示范区

以产业协同发展模式创新为重点，推动粤澳科技创新、特色金融、医疗健康、跨境商贸、文旅会展、专业服务协同发展；创新示范国际科技合作，突破开放创新与合作体制机制制约，因地制宜设计改革试验任务，打造要素流动畅通、科技设施联通、创新链条融通、人员交流顺通的跨境合作平台；创新示范跨境金融，如跨境融资、跨境支付、跨境理财、跨境保险等方面，为澳门居民在珠海横琴生活发展提供金融便利。

（4）深圳要素市场化配置先行示范区

以数据要素市场化配置为创新重点，围绕数据权益资产化和监管试点建设先行探索数据立法，规范包括数据采集、处理、应用、质量管理等在内的各项相关环节；在粤港澳大湾区数据平台（深圳）建立试点，先行先试数据生产要素统计核算机制，满足数据交易市场和基于现有交易场所进行数据交易的需求，加快完善数据资产统计调查制度，持续明确数据资产统计范围和分类标准。

2. 现代商贸流通创新示范区

现代商贸流通创新示范区着眼于衔接生产和消费，促进内外贸一体化，推动建设广州琶洲国际贸易促进示范区、佛山大沥现代商贸转型示范区和湛江粤海流通合作创新示范区。

（1）广州琶洲国际贸易促进示范区

依托中国进出口商品交易会，在国际贸易组织形式、流通模式和贸易渠道方面提供创新示范；依托国际会展经济，带动区域经济发展，发挥比较优势，通过充分利用生产要素，调节国际国内市场供求关系，构建优势产业供应链平台，推动进出口商品结构优化，提高各国生产效率，以资金流、信息流循环促进商流、物流一体化发展。

（2）佛山大沥现代商贸转型示范区

以传统市场转型升级为创新重点，构建高附加值产业链商品体系；立足新时代我国对外开放战略和消费升级需求，以布局优化和功能提升为主线，运用数字化手段，将佛山大沥升级为驱动全球商品贸易流通的重要引擎；构建以大沥镇为组织运营中枢、多级节点为支撑的全球商贸枢纽网络，对接全球商品供给和需求，实现对全球优质货源和庞大商品市场供需的高效组织，增强在全球商贸体系中的话语权、影响力。

（3）湛江粤海流通合作创新示范区

以大宗商品交易举措创新为重点，构建粤海相向而行的流通合作格局；积极承接海南自由贸易港开放建设成果，加快推进湛江港与海南国际能源交易中心共建华南大宗商品交易分销中心等创新举措，加快构建海南交易、湛江港交割的"前台后仓"创新格局；湛江深水港与粤港澳大湾区港口持续深化合作，强化服务贸易创新发展，提高口岸通关便利水平，共同深度参与"一带一路"建设，打造"买全球、卖全球"国际大港；发挥作为粤港澳大湾区和海南自由贸易港战略连接点的作用，加强与海南的持续畅通，把握国家西部陆海新通道建设机遇，积极拓展腹地范围，在深化陆海双向开放中加快推进高质量发展。

3. 现代物流体系创新示范区

现代物流体系创新示范区着眼于发展物流枢纽经济和物流通道经济，推动建设广州白云空铁融合新经济示范区、汕潮揭流通一体化创新示范区、韶关现代枢纽经济创新示范区和江门绿色农产品流通创新示范区。

（1）广州白云空铁融合新经济示范区

以示范跨境电商供应链整合为创新重点，以广州空港经济区为核心，连接广州北站和广州铁路集装箱中心站，依托全国跨境电商最活跃的空港口岸、通关效率居全国第一的中国（广州）跨境电子商务综合试验区，充分激发全国最强的机场口岸跨境电商产业活力和中欧班列广州始发基地产业集聚力，培育粤港澳大湾区最优质的空铁融合新经济示范区；以B2B出口改革助推广州和佛山的传统制造企业依托跨境电商转型升级，辐射带动东莞、中山等大湾区城市相关制造业蓬勃发展；以国内最齐全的海陆空邮跨境电商公共服务平台，优化整合跨境电商产业链、供应链，推动现代物流和相关产业深度融合创新发展。

（2）汕潮揭流通一体化创新示范区

以城市群物流一体化为创新重点，依托汕头广澳港、潮州港、揭阳普宁国际商品城，发挥海港、空港和高铁站枢纽作用，借力三市产业的高度相似性，合作奠定粤东物流一体化极核地位；推进三市产业内外贸一体化，合力打造粤东流通经济增长极，形成项目错位布局、产业错位发展的优势互补一体化格局。

（3）韶关现代枢纽经济创新示范区

以打造物流枢纽经济和通道经济为创新重点，依托铁路枢纽、水运港口、航空机场等综合立体交通资源，发挥粤北门户区位优势，以申建国家物流枢纽承载城市为契机，建设"通道+枢纽+网络"现代物流运行体系，完善集疏运通道；筛选产业附加值高、产品市场竞争力强、产业发展空间大的现代产业，创新产业集聚发展模式，培育现代产业集群，打造枢纽经济集聚区，实现城市经济新旧动能接续转换。

（4）江门绿色农产品流通创新示范区

以绿色农产品流通模式创新为重点，发挥江门绿色农产品产区和粤港澳大湾区"菜篮子"基地等产地资源优势，以建设国家骨干冷链物流基地为契机，深耕种养殖、加工、仓储、流通等各个环节，促进产业链延伸、供应链贯通、价值链提升；在创新示范区内集聚水产品、肉制品、蔬菜、水果、"中央厨房"等生产加工企业，形成"冷链物流基地+企业+种植养殖基地+农户"的一、二、三产业融合发展模式，构筑以鳗鱼、麻黄鸡等国家地理标志农产品为特色的冷链物流与产业融合示范区；依托粤港澳大湾区"菜篮子"基地，建立面向港澳的粮食、果蔬、水产品、畜禽肉制品、奶制品、鲜花等全品类、全温控生鲜农产品仓储加工中心，打造港澳生鲜食品智慧集配中心。

4. 现代流通金融创新示范区

着眼于深化金融供给侧结构性改革，推动建设前海深港国际化金融示范区。

前海深港国际化金融示范区紧跟香港、服务内地、对标世界，加快推动实施《全面深化前海深港现代服务业合作区改革开放方案》，创新示范"前海模式"；持续深化国家金融业对外开放试验示范窗口和跨境人民币业务创新试验区建设；借助前海合作区扩区和实施新一轮前海总体发展规划的新契机，创新实现和其他城市的规则衔接、机制对接；深入推进中国特色社会主义金融领域法治示范，加快建设、完善深港国际商事争议解决中心、国际法律服务中心、国际法务区等。

5. 现代流通信用创新示范区

着眼于构建支撑市场经济良性发展的信用环境，推动建设惠州仲恺信用体系建设创新示范区。

惠州仲恺信用体系建设创新示范区巩固提升惠州市国家社会信用体系建设示范城市创建成果，创新示范社会信用体系建设体制机制；创新示范信用建设服务实体经济发展改革，如创新探索更多的"信易+"应用场景，培育发展信用服务业，推动信用经济集聚发展；建立重要的工业品追溯系统，创新质量安全和公共安全监管模式，探索实施产品全过程智能化"云监管"；深入开展流通领域综合信用服务机构试点，支持入围机构在重点领域和广泛区域创新信用服务产品。

13.2.2 培育"三个世界一流"

1. 世界一流流通发展环境

世界一流流通发展环境，需要以深圳综合改革试点为牵引，在"放管服"改革、"数字政府"建设、要素市场化配置等领域实施新一批创造型引领型改革，推动有效市场和有为政府更好结合。充分发挥广东自贸区、经济特区等示范带动作用，加快规则标准等制度型开放，用好 RCEP、中欧投资协定等重大机制，加强同"一带一路"沿线国家和地区的务实合作，率先建设更高水平的开放型经济新体制。

一是推动法治化发展。深入落实国家制定、发布的法律法规，不断完善地方有关现代流通体系的法律法规，促进公平竞争，防止行业垄断，保护消费者权益，规范市场行为，完善信用体系，协调各方利益关系，建立公平、公正的市场竞争秩序和法治化营商环境。

二是推动市场化发展。加强市场体系建设，规范市场流通秩序，建立公平、公正的市场竞争环境，包括规范市场准入和退出，反垄断，大、中、小企业公平待遇，促进行业协会发展等政策体系，营造诚信有序的商贸流通市场环境。

三是推动国际化发展。提高商贸流通业的开放度，调整引资重点，加大对国际知名商贸流通企业的引进力度，尝试建立商贸流通业引资的负面清单管理方式；鼓励国内商贸流通企业"走出去"，对按照产业链和供应链布局拓展海外市场、建立营销网络的国内大型商贸流通企业给予相应政策支持，提高我国商贸流通企业的国际化经营水平；鼓励发挥行业协会的协调和促进作用，鼓励商贸流通企业提高经营、管理、服务水平，树立重视诚信、优质服务的企业文化，对达到国际标准的领军企业和示范企业给予奖励。

2. 世界一流现代流通网络

建设世界一流现代流通网络，需要依托国际交通枢纽、国际商贸枢纽、国际金融枢纽、国际消费枢纽，布局建设一批流通要素集中、流通设施完善、新技术新业态新模式应用场景丰富的现代流通战略支点城市。一是服务国家重大战略和区域发展功能，串接现代流通战略支点城市，打造若干设施高效联通、产销深度衔接、分工密切协作的骨干流通走廊。二是服务畅通国内国际双循环，发挥现代流通战略支点城市的内外连接作用，延伸骨干流通走廊辐射范围，推动形成覆盖全球、安全可靠、高效畅通的流通网络。三是服务商品和要素跨区域、大规模流通，不断优化商贸、物流、交通运输等设施空间布局，凸显现代流通的市场连接和产业组织作用。

3. 世界一流流通企业集群

建设世界一流流通企业集群，需要突出流通企业在现代流通体系建设中的主体地位,支持流通企业做大做强做优,增强创新创造力和核心竞争力,发挥流通企业在保障国家经济与战略资源安全、推动流通产业迈向全球价值链中高端、满足居民消费升级需要等方面的重要作用。一是支持现代流通企业网络化发展,对内优化升级商贸和物流网络,对外整合利用全球网络资源,构筑成本低、效率高、韧性强的全球流通运营网络,培育国际合作和竞争新优势。二是推动现代流通企业一体化发展,促进商贸、物流融合,以及资本、品牌等要素集聚,以跨界融合发展新业态为途径,促进流通企业规模化、国际化发展。三是鼓励现代流通企业生态化发展,引导大中小企业基于流通供应链、数据链、价值链开展深度对接,构建资源共享、协同发展的流通新生态。

13.2.3　建设"四个国际枢纽"

1. 国际物流枢纽

建设国际物流枢纽,需要推进与各个国家的基础设施互联互通,发挥地缘优势,围绕我国重点项目建设,加强与沿线国家基础设施规划、技术标准体系的对接;建设完善的世界级港口群、机场群,构建内接周边省区和内陆腹地、外联沿线国家和地区的综合交通体系,着力提升国际海港枢纽功能;积极谋划"丝路海运",推进沿海主要港口与"一带一路"沿线国家和地区重要港口合作,提高集装箱班轮运输国际竞争力,加强与中欧班列、西部陆海新通道等的高效衔接;加强"空中丝绸之路"建设,提升以骨干机场为重点的国际航空枢纽能力;坚持市场化、多元化发展,加大中欧班列品牌和信息化建设;推进"数字丝绸之路"务实合作,加快信息基础设施互联互通建设,推进空间信息走廊建设与应用。

2. 国际贸易枢纽

建设国际贸易枢纽,需要深化广东自贸区制度创新,积极争取国家支持,发挥示范引领作用,探索推动规则、规制、管理、标准等制度型开放,打造促进粤港澳大湾区融合发展的高水平对外开放门户枢纽;推动实施跨境服务贸易负面清单,探索在数字经济、互联网和电信、教育、医疗、文化等领域率先开放；建设新型国际贸易中心，支持国际分拨、中转集拼、离岸贸易等新业态发展，建设全球溯源体系、全球报关系统等国际贸易服务平台；充分发挥国家金融业对外开放试验示范窗口作用，深化资本项目收入支付便利化试点，推动跨境金融服务创新；进一步扩大对港澳服务业开放，推动具有港澳执业资格的建筑、会计等专业人士经备案后直接执业；推进投资贸易自由化、便利化，全面实行准入前国民待遇加负面清单管理制度，推行内外资统一适用的市场准入标准，积极构建与国际高标准投资贸易体系相衔接的规则框架；大幅推动金融、文化、医疗等服务业市场准入，积极推动跨境资金流动自由便利化；进一步推进国际贸易"单一窗口"建设，深化口岸监管部门间信息互换、监管互认、执法互助，推进口岸提效降费，提升跨境贸易便利化水平；探索在综合保税区实施以安全监管为主、体现更高水平贸易自由化、便利化的监管模式。

3. 国际金融枢纽

建设国际金融枢纽，需要显著提升广州、深圳中心城市金融发展能级，支持广州完善现代金融服务，加快建设国际金融城、南沙国际金融岛等金融高端集聚功能区，建设区域性私募股权交易市场和产权、大宗商品交易中心，形成具有重要影响力的风险管理中心、财富管理中心和金融资源配置中心；支持深圳大力发展资本市场，打造国际金融创新中心、国际创业投资中心和金融科技发展高地；强化广州、深圳对全省金融发展的辐射带动作用，推进珠三角地区建设若干特色金融功能区；积极开展金融开放先行先试，有序推进粤港澳金融市场互联互通，加强粤港澳三地金融规则和标准对接，强化国际金融交流与合作，提升金融开放水平和能力；携手港澳共建广州南沙、深圳前海和珠海横琴金融深度合作平台，加强香港交易所与深圳证券交易所、广州期货交易所的合作，促进与港澳金融市场互联互通和金融（基金）产品互认；扩大金融双向开放，深入推进"深港通""债券通""理财通"，积极探索"保险通"，构建多层次、广覆盖、深融合的跨境金融联通体系；在CEPA（《内地与香港关于建立更紧密经贸关系的安排》）框架下更大力度引进港澳金融机构，支持港澳保险业在粤港澳大湾区内地城市设立保险服务中心；探索发展人民币离岸金融业务，探索建立与粤港澳大湾区发展相适应的账户管理体系，稳妥开展自由贸易账户分账核算业务，稳步推进本外币合一银行结算账户体系试点和跨境资金池业务试点；鼓励符合条件的外资金融机构在广东省内依法发起设立证券公司、基金管理公司以及各类保险公司等金融衍生机构。

4. 国际消费枢纽

第一，聚焦"国际"，努力构建全球消费资源集聚地，广泛集聚全球优质市场主体，吸引中高端消费品牌跨国企业落地生根；广泛集聚全球优质商品和服务，推动国内销售的国际品牌与国际市场同步接轨，实现"买全国、卖全国，买全球、卖全球"；加快培育本土品牌，深入推进中华老字号发展，鼓励商贸流通企业培育、发展自有品牌，更好地满足国内外消费者对国际化、高品质、时尚性、便捷性的需求。

第二，紧扣"消费"，全力打造消费升级新高地，高标准推进商圈建设，打造一批精品享誉世界、服务吸引全球、环境多元舒适、监管接轨国际的标志性商圈；引领消费潮流风尚，发展时尚创意、绿色智能消费，更好地发挥首牌、首店、首发、首秀等效应；优化消费环境，加强市场监管服务，全面推进诚信体系建设。

第三，突出"枢纽"，不断强化集聚辐射和引领带动影响力，培育全球消费资源集聚地和消费升级新高地，不断增强城市自身的吸引力、凝聚力和发展动力，形成全球消费者集聚和区域联动发展的中心。

13.2.4 打造"五个战略要地"

1. 国家战略衔接示范地

打造国家战略衔接示范地，塑造参与国际合作和竞争新优势，需举全省之力，落实粤港澳大湾区建设国家战略，强力推进深圳先行示范区建设和综合改革试点，抓住与港澳规则衔接、机制对接这个重点，深入实施"湾区通"工程，稳步拓展制度型开放，在对接国际高标准经贸规则上积极探索、走在前列。

2. 高端流通要素集聚地

打造高端流通要素集聚地，不断强化全球资源配置能力，需打造市场化、法治化、国际化的营商环境，实施建设高标准市场体系行动，通过抓好深圳创业板改革、试点注册制等契机，设立广州期货交易所等重点项目，形成吸引高端要素资源的强大"引力场"；坚持人才是第一资源，不断创新体制机制，让各类人才在广东这片沃土上如雨后春笋般竞相成长。

3. 科技产业创新策源地

打造科技产业创新策源地，助力国家科技自立自强，需探索关键核心技术攻关新型举国体制的"广东路径"，强力推进综合性国家科学中心建设，不断增强战略科技力量；实施制造业高质量发展"六大工程"，培育10个战略性支柱产业集群和10个战略性新兴产业集群，增强产业链供应链自主可控能力。

4. 内外循环连接地

打造内外循环连接地，强化支撑国内大循环和国内国际双循环功能。广东优势在国内国际双循环，潜力在国内大循环，需坚持内外双向发力，深化对内经济联系，构建联通内外的贸易、投资、生产、服务网络；强化广州、深圳"双城"联动，辐射带动"一核一带一区"高质量发展，全面推进乡村振兴，持续提高人民生活品质，扎实推动共同富裕。

5. 安全发展支撑地

打造安全发展支撑地，守好国家安全发展"南大门"，需坚持以大概率思维应对小概率事件，坚决驯服"灰犀牛"，全面防范"黑天鹅"，加快把广东省打造成全国最安全稳定、最公平公正、最优法治环境的地区之一。

13.3 湖北省建设以交通和物流为重点的现代流通体系

湖北省地处国家战略腹地，横贯东西、承接南北、通江达海，战略连接优势独特，历来是连接全国"铁水公空"交通大动脉的中心或核心节点，被赋予建设国际性综合交通枢纽、"五型"国家物流枢纽、现代流通战略支点城市等战略重任。近年来，湖北省以综合交通运输和现代物流供应链为重点，大力推进现代化流通体系建设，推动全社会物流成本持续降低，探索连接国内国际两个市场、两种资源的有效路径并取得了积极成效。

13.3.1 加强综合交通运输"地网"建设

1. 铁路运输

"轨道上的湖北"正在加快建设，"七纵六横"高速铁路网和以武汉为中心的超"米"字型高速铁路网正在形成，"四纵两横"普速铁路网和货运铁路"四大通道"也在加快完善，省内三大都市圈的铁路连接更加紧密。

2023年年末，湖北省主骨架铁路营业里程达到5778千米（高速铁路和城际铁路2064千米），拟建在建高铁里程数和投资额均居全国第1位，正在建设的沿江高铁横贯湖北东西，串联起长江三角洲、长江中游、成渝三大城市群，全线建成后将进一步释放沪汉蓉铁路货运能力，有效缓解长江"翻坝"运输压力。

2. 水路运输

在"四纵四横两网"国家高等级航道布局中，湖北省有7条，2023年年末，湖北全省内河航道通航里程达9062.84千米，其中，1000吨级及以上高等级航道里程2154千米，居长江中上游第1位、全国内河第2位，万吨级船舶直达武汉。"长江—江汉运河—汉江"合围，810千米千吨级黄金航道圈全面建成，充分发挥了"黄金水道"在畅通国内国际双循环中的主动脉作用。湖北省港口资源整合深入推进，港航运输生产持续向好，2023年，累计完成港口吞吐量、集装箱吞吐量、集装箱铁水联运量分别为6.93亿吨、329.83万标箱、17.55万标箱，其中集装箱铁水联运量占整个长江干线的1/3，各项指标均位居长江中上游第1位。

3. 公路运输

"九纵五横四环"高速公路主动脉基本成形，逐步建成高水平的全国高速公路网重要枢纽，普通公路网提档升级初见成效，路网体系日渐完善。2023年年末，湖北省公路总里程达30.7万千米，高速公路里程达到7849千米，全省实现了县县通高速公路、镇镇通二级路、村村通硬化路，交通"硬联通"

不断延伸、加密、成网。

4. 航空运输

"空中丝绸之路"能力提升，航空客货"双枢纽"有效联动。2023 年，武汉天河机场全年完成货邮吞吐量 20.64 万吨、起降航班 20.56 万架次；亚洲首个专业货运机场鄂州花湖机场①开通国内外货运航线 55 条，完成货邮吞吐量 24.5 万吨。2024 年 3 月 19 日，国务院批复同意鄂州花湖机场对外开放，花湖机场成为全国首个获批对外开放的专业货运枢纽机场，成为内陆对外开放的"空中出海口"。

以上综合物流优势，使湖北形成了"多网互联、多点直达、多通道并行"的高效物流网络体系，助力湖北省社会物流总费用与 GDP 的比率降至 2023 年的 13.04%，较全国水平低 1.36 个百分点。

13.3.2 打造货物多式联运"链网"

1. 狠抓项目建设

自 2021 年启动多式联运高质量发展三年攻坚行动以来，至 2023 年年末，湖北省共投资 1432.5 亿元，建设 67 个多式联运集疏运基础设施，全省共申报创建 4 批次 8 个国家多式联运示范工程创建项目，其中 4 个已通过国家验收并被正式命名，"国家多式联运示范工程"创建数量和命名数量均居全国第一。

2. 发挥项目功能

武汉、宜昌、荆州、黄石四地主要港口实现铁路进港，铁水联运骨架网初步成形。武汉阳逻港巩固拓展沪汉渝、沪汉陕至新疆的两条铁水联运内贸双向物流大通道，开辟了北至东三省、南至云贵川的"北粮南运"多式联运线路，牵手中老铁路，打通至东南亚的新货运通道。"欧洲—武汉—台湾"铁海多式联运通道打通，实现"中欧班列（武汉）+内贸铁路+海运"海铁联运。黄石新港开辟内河至近洋国际直航航线，打通澳大利亚至

---

① 2024 年 5 月 15 日更名为鄂州花湖国际机场。

成渝铁水联运新通道。宜昌港启动了"水公水"商品车、集装箱应急"翻坝"转运业务，成为大宗商品的重要运输通道。2023 年，湖北港口集团铁水联运集装箱量完成 24.73 万标箱，同比增长 76.82%，运营的铁水联运一期基地更是成为内河流域率先突破 10 万标箱大关的单体项目。"武汉、黄石—舟山"长江中游江海直达等新航线也陆续开通，"泸汉台"集装箱近洋航线、武汉至东盟四国航线、武汉至日韩航线等水水中转航线不断巩固。

3. 推进运输结构调整

水运成本是铁路运输成本的 1/2，公路运输成本的 1/5，湖北省推动大宗货物和中长途货物运输"公转铁""公转水"，2023 年湖北公路、铁路、水路货运量占比分别为 69.5%、2.5%、28%，水运比重的提高，大大降低了物流成本。

13.3.3 织密现代物流"保障网"

1. 补齐"最后一公里"短板

湖北已全面建成农村寄递物流体系，截至 2023 年年底，湖北省已建成村级网点 20744 个，寄递物流实现行政村全覆盖。湖北省邮政全面推进客货邮融合，大力推进"城乡客运+农村物流+邮政快递"模式。2023 年新增交邮联运邮路 60 条，农村段道汽车化率达 75.4%，高于全国平均水平。依托农村寄递物流网的织密，直播带货、短视频营销等新型商业模式在农村生根发芽，建成省级、市州级网上乡村振兴馆，上线湖北特色农产品 1000余种，建成荆楚香稻、仙桃鸭蛋、湖北茶叶和宜昌柑橘全国与区域性基地，秭归脐橙、黄冈蕲艾、襄阳鸭蛋、宜昌蜜橘、襄阳锅巴等一跃成为千万件级电商产品。推进"补冷链"公共型冷链物流网络建设，实现农产品"一季生产、全年销售"。

2. 提升应急物流能力

湖北注重整合、优化存量应急物资储备、转运设施，推动既有物流设施嵌入应急功能，在重大物流基础设施规划布局、设计建造阶段充分考虑平急两用需要，完善应急物流设施网络；注重实施创新驱动发展战略，加快营造高度智能、自我进化、共享众创的湖北省应急管理科技支撑新生态，助力实现全省应急管理的全面感知、动态监测、智能预警、扁平指挥、快速处置、精准监管、人性化服务等。华中区域应急物资供应链与集配中心已开工建设，着力打造应急物流指挥协同平台，以综合提高应对突发事件的应急物资流通保障能力。

13.3.4　建设供应链平台"天网"

1. 加强供应链平台建设

湖北省磷化工供应链平台，可为磷化工产业上下游企业提供一站式供应链综合服务，已打造成全国乃至全球的磷化工大宗产品交易中心、价格信息中心、仓储物流中心、金融服务中心、检验检测中心、技术研发中心；大宗商品供应链平台，围绕大宗商品组建湖北国控、楚象供应链平台，"链"接全球，"织网""造流"，打造集内外贸、跨境电子商务、供应链管理等于一体的资源整合型供应链平台；纺织服装产业供应链平台，围绕纺织服装产业组建华纺链平台，牵"衣"搭"线"，覆盖纺织服装全产业链，引导企业、业务、交易上平台，打造全省纺织服装行业数字化供应链综合服务平台；汽车产业供应链平台，围绕汽车产业组建长江汽车供应链平台，打造贯通汽车产业链上下游企业的数智化服务型供应链平台，培育价值共享、互促共进的新型产业供应链生态体系；生物医药供应链平台，围绕生物医药产业组建九州医药供应链平台，通过集成上游药械生产企业，下游医院、药店、诊所等市场主体信息，建立全产业链一站式服务平台，打造具有公共性、开放性的第三方医药产业数字化供应链综合服务平台，重构医药供应链格局；绿色船舶供应链平台，围绕船舶产业组建长江船舶供应链平台，深化供应链、资金链、政策链、创新链、生态链"五链协同"，推动"货、航、船、港、闸"与供应链、产业链深度融合，发展船舶产业新质生产力。

2. 强化流通组织支撑

湖北省首创"铁水公空仓"五网数据融合，以湖北供应链物流公共信息平台为核心，加快构建全省"一个省平台+多个区域子平台（1+N）"供应链物流信息平台体系，以点带面，联域成网；统一港航物流业务办理入口，归集中欧班列、汉亚直航订舱，港口码头业务预约、集卡预约、园区服务等平台，围绕铁路及船舶订舱、多式联运物流协同、进出口海关及仓储监管等关键环节，深化物流信息对接，服务铁路在线订舱常态化运营；围绕铁水公空一站式物流运输难题破解，推动平台作为省内多式联运业务的首选入口，提供多元化智慧物流解决方案。

3. 平台运营初见成效

磷化工产业供应链平台，在流通端，争取铁路运价下浮，宜昌至宁波铁路运价下浮 48%，物流时效与传统江海联运相比节约 7 天以上；在交易端，帮助江宸新能源、航欧新材料等一批企业大幅降低采购成本。大宗商品供应链平台，截至 2023 年年底，累计进口煤炭 332.69 万吨、铁矿 502.56 万吨，2023 年进出口规模分别完成 5.2 亿美元、6.1 亿美元，有力地提升了湖北战略性初级产品的流通组织能力。汽车产业供应链平台，为企业提供安全、稳定的钢、铝等原材料供给。通过出口服务，协助湖北汽车主机厂、零部件企业"走出去"，积极推进俄罗斯、西非、缅甸等地整车出口业务，有效提升了汽车行业的流动稳定性。

13.3.5 优化营商环境"智能网"

1. 持续优化营商环境

近年来，湖北省以常态长效机制持续优化营商环境，出台"黄金 30 条"、《以控制成本为核心优化营商环境的若干措施》等政策，围绕降低税费、融资、物流、用能、用地、用人、市场开拓等方面的成本，持续推动流通成本降低。2023 年，全省全年为企业降成本超过 1300 亿元，特别是通过实行高速公路差异化收费政策累计减免通行费 29.54 亿元。营商环境的持续优化，激发了流通经营主体活力。

2. 加强金融信用赋能

加强金融信用赋能，要推动金融有力地支持流通发展。2022 年，湖北省设立 1000 亿元交通物流专项贷款，为交通物流企业纾困解难。2023 年，武汉农村商业银行全新推出"商贸物流贷"产品,专项用于满足辖内企业在生产经营过程中关于货物贸易、仓储、物流等环节的融资需求。同时,要加快信用体系建设,强化流通发展支撑。近年来,湖北省组织编制全国第一个信用主体编码方面的地方标准《湖北信用主体编码规范》,出台我国第一部规范社会信用信息管理的地方性法规《湖北省社会信用信息管理条例》,成功申报武汉、宜昌、咸宁、黄石等一批国家社会信用体系建设示范城市。社会信用体系作为现代化流通体系的三大支撑要素之一,有效地保障了全省流通产业的健康发展。

3. 强化对外流通服务

2023 年,湖北省对标海关总署优化营商环境 16 条措施,制定并发布了 20 余条细化措施,出台了《湖北省商务厅 武汉海关关于进一步提升跨境贸易便利化水平 促进外贸降本增效若干措施的公告》等政策文件,加快助推打造内陆开放新高地。2023 年,湖北省进口、出口整体通关时间分别为 36.94 小时、0.46 小时,较 2017 年分别压缩 79.65%和 97.77%。2023 年,武汉海关全年共为全省外贸企业退还税款 8.17 亿元,减免税款超 9 亿元,降低成本 6600 万元。此外,湖北省着力打造国际贸易数字化平台并实现外贸企业全覆盖,出口通关时间压缩 39%。2024 年 3 月 8 日,武汉全港供应链管理有限公司通过海关特殊监管区域系统成功办理了一单"区内直转"业务,通关手续办理时效提升 5 倍以上,预计一年可节约运输费用 200 万元;3 月 31 日,湖北省首趟"一单制"国际铁海联运列车开行,可缩短运行时间 3~5 天,有效节约了流通成本。

参考文献

［1］丁俊发．加快建设高效的现代流通体系［N］．经济日报，2020-09-30（011）．

［2］中共中央马克思恩格斯列宁斯大林著作编译局．资本论：第一卷［M］．北京：人民出版社，1975．

［3］向欣．关于中国特色流通体系的几点思考［J］．中国经贸，2013（9）：26-27．

［4］丁俊发．构建现代流通体系面临的形势和任务［J］．中国流通经济，2007（2）：8-11．

［5］祝合良．如何统筹推进现代流通体系建设［J］．中国经济评论，2020（Z1）：50-51．

［6］孙前进．中国现代流通体系框架构成探索［J］．中国流通经济，2011，25（10）：12-16．

［7］陆娅楠，刘志强，王珂，等．把建设现代流通体系作为重要战略任务来抓［N］．2020-09-11（2）．

［8］赵宇新，孙先民．中国现代流通体系构建研究的方法论选择：马克思流通经济方法论在当代中国的应用与发展［J］．商业研究，2021（3）：47-56．

［9］崔光野，马龙龙．探索新时代背景下我国生产流通高质量发展之路［J］．时代经贸，2021，18（1）：11-15．

［10］王一鸣．积极探索形成"双循环"新发展格局的路径［J］．清华金融评论，2020（11）：24-26．

［11］张岱．党的十八大以来中国健全现代金融体系的理论与实践探索

〔D〕. 石家庄：河北师范大学，2018.

　　〔12〕孙华荣. 构建适应现代流通体系的支付模式〔J〕. 中国金融，2020（24）：82-83.

　　〔13〕杨守德，张天义. 数字经济背景下城乡商贸流通一体化研究〔J〕. 商业经济，2020（11）：154-155，158.

　　〔14〕谢莉娟，王晓东. 马克思的流通经济理论及其中国化启示〔J〕. 经济研究，2021，56（5）：20-39.

　　〔15〕卢延国. 建设全国统一的能源市场的几点思考〔J〕. 能源，2022（6）：23-27.

　　〔16〕韩文科. 建设全国统一的能源市场　构建能源发展新格局〔J〕. 中国投资（中英文），2022（ZA）：48-50.

　　〔17〕刘满平. 建设全国统一的能源市场是现实需要也是长远大计〔J〕. 中国石化，2022（5）：64.

　　〔18〕陈向国. 能源专家谈全国能源统一市场建设〔J〕. 节能与环保，2022（5）：10-17.

　　〔19〕曾学福. 综合交通基础设施建设与国家能源运输网融合发展的研究〔J〕. 公路，2022，67（2）：172-180.

　　〔20〕田怀秀. 铁海联运条件下煤炭运输径路优化研究〔D〕. 北京：北京交通大学，2017.

　　〔21〕王小洋，李先国. 能源革命背景下我国煤炭运输通道的发展趋势及对策〔J〕. 中国流通经济，2019，33（10）：67-75.

　　〔22〕张浩楠. "一带一路"背景下中国进口煤炭海上运输能力优化研究〔D〕. 北京：华北电力大学，2018.

　　〔23〕谢雨蓉. 正确认识"我国物流成本占 GDP 比重过高"〔J〕. 综合运输，2015，37（1）：48-51.

　　〔24〕汪鸣，谢雨蓉，樊一江，等. 降低物流成本长期路径与当前措施〔J〕. 中国经贸导刊，2016（10）：31-32.

　　〔25〕刘伟，贺兴东，刘华. 重构我国农产品现代流通体系的对策建议

［J］. 中国经贸导刊，2020（8）：24-26.

［26］贺兴东. 加强农村物流设施整合和运营协同［N］. 经济日报，2023-01-09（11）.

［27］贺兴东，汪鸣. 立柱架梁　开启现代流通体系建设新局面［N］. 经济参考报，2022-02-11（001）.

［28］王建军. 建设内畅外联现代流通网络　支撑构建新发展格局［J］. 中国经贸导刊，2022（5）：14-16.

［29］刘文华. 加快实体商贸市场转型　助力现代流通体系建设［J］. 中国经贸导刊，2022（10）：50-52.

［30］贺兴东. 加快推进现代流通体系新型基础设施建设的思路与任务［J］. 中国发展观察，2022（10）：52-55，51.

［31］汪鸣，贺兴东，刘伟. 高质量推进现代流通体系建设　服务构建新发展格局［J］. 中国经贸导刊，2022（5）：16-18.

［32］陈致远. 双循环背景下流通供应链模式数字化创新机制分析［J］. 商业经济研究，2021（17）：13-17.

［33］东方. 新发展格局下智慧物流产业发展关键问题及对策建议［J］. 经济纵横，2021（10）：77-84.

［34］洪涛. 中国特色创新流通体系构建及完善［J］. 商业时代，2013（24）：20-23.

［35］何新华，王玲. 比拼经济实力：对外经济贸易强国主要特征和指标分析研究［J］. 国际贸易，2000（12）：14-18.

［36］刘宝荣，李健. 从贸易大国迈向贸易强国：未来10年我国对外经济贸易发展趋势分析［J］. 国际贸易，2000（11）：22-24.

［37］李钢. 中国迈向贸易强国的战略路径［J］. 国际贸易问题，2018（2）：11-15.

［38］裴长洪，刘洪愧. 中国怎样迈向贸易强国：一个新的分析思路［J］. 经济研究，2017，52（5）：26-43.

［39］盛斌. 建设国际经贸强国的经验与方略［J］. 国际贸易，2015

（10）：4-14.

［40］王先庆．新发展格局下现代流通体系建设的战略重心与政策选择：关于现代流通体系理论探索的新框架［J］．中国流通经济，2020，34（11）：18-32.

［41］张俊娥．基于绿色消费视角的我国现代流通体系创新构建［J］．商业经济研究，2018（3）：36-38.

［42］张亚斌，李峰，曾铮．贸易强国的评判体系构建及其指标化：基于GPNS的实证分析［J］．世界经济研究，2007（10）：3-8，86.

［43］欧阳峣．大国农业转型的国际比较和中国路径［J］．大国经济研究，2013：191-201.

［44］洪涛．中国农产品电商全面转型升级［J］．中国商论，2021（12）：1-10.

［45］王秀燕，张宇．新零售背景下生鲜农产品流通困局及改进策略［J］．商业经济研究，2022（12）：29-32.

［46］周琼婕，郑彤彤．生鲜农产品流通价值链分工与组织优化创新研究［J］．商业经济研究，2017（21）：117-120.

［47］孙开钊，赵慧娟．商品市场畅通国内大循环的机理、嵌入障碍与优化策略［J］．商业经济研究，2022（13）：5-8.

［48］谢雨蓉．陆海统筹：全球化变局中的国际物流［M］．北京：中国市场出版社有限公司，2021.

［49］刘伟．现代物流体系建设理论与实践［M］．北京：中国财富出版社有限公司，2021.

［50］陆成云．国家物流枢纽发展理论与实践［M］．北京：中国财富出版社有限公司，2023.

［51］刘文华．我国物流现代化发展的战略重点研究［M］．北京：中国财富出版社有限公司，2022.

［52］樊一江．高水平共建西部陆海新通道（新论）［N］．人民日报，2021-06-11.

[53] 谢雨蓉，樊一江．构建现代产业网链和供应链网络［N］．经济日报，2021-01-26（10）.

[54] 樊一江．为何要建设高效顺畅的现代流通体系［N］．经济日报，2023-03-02（10）.

[55] 汪鸣，贺兴东，刘伟．高质量推进现代流通体系建设 服务构建新发展格局［N］．中国改革报，2022-02-13（02）.

[56] 刘文华，李汉卿．以服务疫苗供应为契机提升国际冷链物流能力［N］．中国交通报，2021-03-02.

[57] 汪鸣，程世东．智慧化发展贯穿城市轨道交通全产业链［N］．中国交通报，2021-03-03.

[58] 汪鸣．产业链供应链重塑物流发展生态［N］．中国水运报，2021-11-26.

[59] 刘伟．依托国家物流枢纽的枢纽经济发展思路与路径研究［J］．中国市场，2021（1）：4-5，7.

[60] 贺兴东．商贸服务型国家物流枢纽的机理与实现［J］．中国市场，2021（2）：167-169.

[61] 刘文华．高质量推进现代流通体系建设的制约与对策建议［J］．中国市场，2022（35）：1-3.

[62] 汪鸣，向爱兵，杨宜佳．"十四五"我国交通运输发展思路［J］．北京交通大学学报（社会科学版），2022，21（2）：68-75.

[63] 汪鸣，陆成云，刘文华．"十四五"物流发展新要求新格局［J］．北京交通大学学报（社会科学版），2022，21（1）：11-17.

[64] 刘伟．加快构建龙头网络型物流企业为主体的现代应急物流体系［J］．中国经贸导刊，2021（2）：42-44.

[65] 陆成云．适应新发展格局要求 推动国际物流高质量发展［J］．中国经贸导刊，2021（3）：38-40.

[66] 谢雨蓉，陆成云，刘文华，等．加快内陆地区"大循环"与"双循环"物流战略新支点建设［J］．中国经贸导刊，2021（6）：20-23.

［67］贺兴东，刘伟，谢良惠．"十四五"推进亚欧陆海贸易大通道建设的构想［J］．中国经贸导刊，2021（10）：24-26.

［68］汪鸣．把握好"十四五"我国现代物流体系建设方向［J］．中国经贸导刊，2021（7）：64-66.

［69］刘文华．积极推动全链条国际冷链物流高质量发展　服务新冠肺炎疫苗全球分配分拨［J］．中国经贸导刊，2021（3）：41-42.

［70］李卫波，丁金学．新发展格局下广东交通运输发展的形势要求与思路建议［J］．中国经贸导刊，2021（23）：27-30.

［71］刘伟．国家物流枢纽网络建设思路与对策［J］．中国经贸导刊，2021（24）：45-47.

［72］刘伟．加快构建农村流通生态系统　破解农村物流难题［J］．中国经贸导刊，2022（1）：56-57.

［73］高君宇，刘伟．我国快递业"千亿级"时代高质量发展对策建议［J］．中国经贸导刊，2022（10）：47-49.

［74］卢越．新发展格局对我国国际集装箱航运网络的发展要求和优化建议［J］．中国经贸导刊，2022（1）：53-55.

［75］汪鸣，卢越．提高战略性、体系化、专业化、规范化水平　加快推进冷链物流高质量发展：《"十四五"冷链物流发展规划》解读［J］．中国经贸导刊，2022（1）：21-22.

［76］陆成云．抓住现代物流体系升级机遇　推进我国物流与储备高质量融合发展［J］．中国经贸导刊，2022（5）：26-28.

［77］卢越．推动消费、流通、生产协同　探索实体商业高质量转型新路径　全力支撑现代流通体系建设［J］．中国经贸导刊，2022（6）：40-41.

［78］卢越，马艺菲，樊一江．前三季度交通运输行业复苏缓慢　强化交通经济循环运行支撑保障［J］．中国经贸导刊，2022（10）：55-56.

［79］陆成云．突出系统建设　加快推进我国航空物流枢纽高质量发展［J］．中国经贸导刊，2023（1）：33-35.

［80］汪鸣．"长江出海"重构长江港航物流新格局［J］．中国远洋海

运，2021（8）：32-36.

［81］刘洁，刘伟．"十四五"时期中欧班列高质量发展思考［J］．大陆桥视野，2021（2）：31-33.

［82］刘洁，刘伟．浅析国际铁路货物联运交付相关问题及对策［J］．大陆桥视野，2021（8）：33-34+37.

［83］刘伟．陆上边境口岸型国家物流枢纽的发展机理与实践［J］．大陆桥视野，2022（6）：28-29+34.

［84］汪鸣．新发展格局下物流的变与不变［J］．物流技术与应用，2021，26（2）：48-49.

［85］刘伟．城市"规模共配"模式发展探讨：以雄安新区为例［J］．中国储运，2022（5）：194-195.

［86］刘文华．深刻认识我国物流发展战略重点阶段性演变加快构建现代物流体系［J］．中国储运，2022（10）：172-174.

［87］陆成云．推动我国冷链物流高质量发展的关键路径思考［J］．中国储运，2022（10）：171-172.

［88］刘文华．正确认识冷链物流赋能需冷产业生产、流通、消费循环作用　畅通满足美好生活需要的新发展格局［J］．中国物流与采购，2022（19）：47-49.

［89］陆成云．强化统筹兼容与系统发展，完善我国应急物流体系［J］．中国物流与采购，2022（19）：55-56.

［90］陆成云．从应对疫情反思我国大城市物流体系存在的问题［J］．中国物流与采购，2022（23）：41-42.

［91］陆成云．推动陆港型国家物流枢纽高质量发展的若干思考［J］．集装箱化，2022，33（10）：11-14.

中国物流专家专著系列